Claudia Seifert
Fotos: Julia Hoersch

KOCHEN NACH BEAUFORT

REZEPTE FÜR JEDE WINDSTÄRKE

Delius Klasing Verlag

INHALT

STARKER WIND - BRECHENDE WELLEN (7 BEAUFORT)

JOLLEN-PICKNICK

EIN WORT VORWEG

Gutes Essen an Bord eines Segelschiffes tröstet über so manches misslungene Anlegemanöver, verloren gegangene Fender oder Dauerregen hinweg, ist die beste Prävention gegen Seekrankheit und heitert die angespannteste Stimmung verlässlich auf. Außerdem macht ständige frische Luft bekanntlich ständig hungrig. Trotzdem ist die Küche an Bord häufig eintönig, bestimmt von Fertigprodukten und einfachen Gerichten. Natürlich ist es nicht überall so! Ich selbst segel schon seit einigen Jahren auf der BRUDEN, einer Skandinavien 48, als Köchin mit. Als Food-stylistin und Rezeptautorin war es mir deshalb ein besonderes Anliegen, ein Buch über das Kochen an Bord zu schreiben, um zwei Leidenschaften miteinander zu verbinden: die für das Yachtsegeln und die für die Gourmetküche. Verabschieden Sie sich hiermit von Fertigsuppen und Nudeln mit Ketchup, und begrüßen Sie eine neue, kreative Bordküche. Klar, die kleine Pantry mit ihrem zweiflammigen Gasherd und dem Backofen, der etwas ungleichmäßig heiß wird, ist und bleibt eine Herausforderung. Aber die ebenso genialen wie einfachen Rezepte, die zudem Wind und Wellengang angepasst sind und ohne aufwendiges Abwiegen auskommen, lassen sich gut realisieren – wir haben es an Bord der BRUDEN ausprobiert.

Die Unterteilung nach Beaufort, Wetter und Laune macht es leicht, für jeden Anlass das passende Rezept auszusuchen: Am Ende eines gemütlichen Hafentages ein in Rum mariniertes Steak grillen, nach einem kräftezehrenden Starkwindtag oder einer verfrorenen Ankunft eine schnelle, aufbauende Mahlzeit wie die Hühnchen-Ingwer-Suppe, an heißen Tagen etwas Leichtes, zum Beispiel eine Gnocchi-Brokkoli-Pfanne oder den Fisch-Melonen-Salat. Zudem habe ich für Sie viele unterschiedlich lange haltbare Lebensmittel, in der Regel in Bio-Qualität, ausgesucht und eine Liste mit Bordproviant zusammengestellt. Eine Tasse mit 200 ml Inhalt ist die Maßeinheit, sodass Sie keine Waage benötigen. Generell sind die Rezepte für zwei Personen ausgelegt.

Die Fotos im maritimen Ambiente sind hoffentlich sowohl für segelbegeisterte Menschen als auch für Feinschmeckerinnen und Feinschmecker ein Augenschmaus. Die Rezepte funktionieren übrigens auch hervorragend an Land, beim Kochen lässt sich dann so schön vom nächsten Segeltörn träumen ...

Claudia Seifert

BORDPROVIANT

Dinge, die vor einer längeren Reise immer an Bord sein sollten – möglichst in Bio-Qualität. Sie erhalten eigentlich alles in gut sortierten Supermärkten, im Reformhaus oder im Bioladen.

DOSEN/GLÄSER
- Passierte Tomaten
- Ganze Tomaten
- Oliven im Glas, grüne mit Mandelkern, schwarze Oliven ohne Stein
- Oliven-Tapanade
- Kapern
- Kichererbsen
- Artischockenherzen
- Grillsoßen
- Kokosmilch
- Apfelmus
- Sauerkirschen
- Aprikosen
- Sardinen/Sardellen
- Rum, Bier, Aquavit, Weißwein, Rotwein
- Orangensaft

MEHL/NUDELN/REIS
- Weizenmehl (in einer Dose gut verschlossen)
- Buchweizenmehl (luftdicht verpackt)
- Nudeln (Penne, Cappellini, Spaghettini, Suppennudeln etc.)
- Basmati-Reis
- Risotto-Reis
- Kartoffelpüree-Pulver
- Couscous
- Maisgrieß (Polenta)
- Hirse
- Knäckebrot, Brotchips, Zwieback, Pumpernickel
- Russisch Brot
- Cornflakes ohne Zucker
- Pitabrote

TUBEN/PASTEN/PULVER
- Harissa
- Gemüsebrühe/Hühnerbrühe
- Pesto (Ruccolapesto, Tomatenpesto, Basilikumpesto, Bärlauchpesto)
- Senf
- Erdnussbutter
- Sesammus/Tahin
- Mandelmus

- Geriebener Parmesan
- Remoulade
- Sahne-Meerrettich

NÜSSE/GETROCKNETES
- Getrocknete Datteln
- Getrocknete Aprikosen
- Getrocknete Feigen
- Kokosraspeln
- Pinienkerne
- Getrockente Morcheln/Steinpilze
- Gesalzene Erdnüsse
- Sonnenblumenkerne
- Haselnüsse
- Mandeln
- Pistazien
- Sesam
- Gemahlener Mohn

ZUM SÜSSEN
- Holunderblüten-Sirup (zum Würzen von Salaten, Suppen und Desserts)
- Vanillezucker (einzeln verpackt, leicht zu verstauen)
- Flüssiger Honig

BASICS
- Essig/Öl
- Knoblauch
- Zwiebeln
- Kartoffeln
- Ingwerwurzel

GEWÜRZE
- Meersalz (Fleur de Sel)
- Gemahlener Pfeffer oder Pfeffermühle
- Kräuter der Provence
- Curry
- Kreuzkümmel
- Sesamsaat
- Chilipulver

LEGENDE

Ihr Kompass zur einfachen Navigation durch die Rezepte
bei jeder Windstärke:

 Die Glocken weisen auf besondere Zutaten hin, die Sie am
besten schon vor Reisebeginn bunkern sollten.

 Haben Sie eine, zwei oder gar keine Kochplatte an Bord? Die
Flammen schaffen schnell Klarheit darüber, welche Rezepte
geeignet sind.

 Ein Blick auf das Uhrensymbol macht deutlich, wie viel
Zeit Sie für die Zubereitung einplanen müssen.

Schauen Sie aus dem Fenster und entscheiden Sie sich je nach
Wind und Wetter für ein Rezeptkapitel. Für schnelleres Navigieren
ist jede Rezeptseite mit diesen Segelsymbolen versehen:

LEICHTE BRISE
KLEINE WELLEN
(1-2 BEAUFORT)

MÄSSIGER WIND
MÄSSIGE WELLEN
(3-4 BEAUFORT)

FRISCHE BRISE
GROSSE WELLEN
(5-6 BEAUFORT)

STARKER WIND
BRECHENDE WELLEN
(7 BEAUFORT)

JOLLEN-PICKNICK

LEICHTE BRISE

Kleine Wellen

(1–2 Beaufort)

Gerichte für Segeltage mit einer leichten Sommerbrise und wenig Wind, an denen es Spaß macht, im Hafen oder beim Ankern köstliche Mahlzeiten raffiniert zuzubereiten.

BEAUFORT 1

Windgeschwindigkeit 0,3–1,5 m/s; 1–3 Knoten. Kleine schuppenförmig aussehende Kräuselwellen ohne Schaumköpfe.

BEAUFORT 2

Windgeschwindigkeit 1,6–3,3 m/s; 4–6 Knoten. Kleine Wellen, noch kurz, aber ausgeprägter. Kämme sehen glasig aus und brechen sich nicht.

BOUILLABAISSE
MIT TOMATEN-MAYONNAISE
UND TACO-CHIPS

Leichte Brise

- 2 EL Olivenöl
- 1 Zwiebel, fein gewürfelt
- 2 mittelgroße Kartoffeln (250 g), geschält und in 1 cm große Würfel geschnitten
- 1 rote Paprika, halbiert, entkernt und in 1 cm große Würfel geschnitten
- 2 Knoblauchzehen, fein gehackt
- 1 EL getrockneter Thymian
- 3 EL Tomatenmark
- 1 Tasse Weißwein (200 ml)
- 1 Dose stückige Tomaten (400 ml, Abtropfgewicht 240 g)
- 1 TL Gemüsebrühe-Pulver
- Meersalz, Pfeffer
- 300 g gemischte Fischfilets, gewürfelt (etwa 2 cm groß)
- 1 EL Zitronensaft
- 2 EL Crème Legère (50 g)
- 2 Handvoll Taco-Chips (etwa 50 g)

1. Das Öl in einem Topf erhitzen, Zwiebeln, Kartoffeln, Paprika, Knoblauch, Thymian und 1 EL Tomatenmark anschwitzen. Mit Weißwein, stückigen Tomaten, Gemüsebrühe-Pulver und 2 Tassen Wasser (400 ml) ablöschen. 8 Minuten zugedeckt köcheln lassen. Mit Salz und Pfeffer würzen.

2. Die Fischwürfel hinzufügen und 5 Minuten zugedeckt ziehen lassen (nicht mehr kochen).

3. In einem kleinen Gefäß 2 EL Tomatenmark, Zitronensaft, Crème Legère, Salz und Pfeffer gut verrühren. Mit der Bouillabaisse und den Taco-Chips servieren.

ZUBEREITUNGSZEIT 25 MINUTEN

   Taco-Chips

GEBACKENE HOLUNDERKÜCHLEIN

Leichte Brise

- 1 Tasse Mehl (100 g)
- 1 Ei (Größe M)
- ¾ Tasse Milch (150 ml)
- 1 Päckchen Vanillezucker
- 6 Dolden Holunderblüten
  (Blütezeit Mai/Juni)
- 2 EL Olivenöl
- 3 gehäufte EL Puderzucker (30 g)

1. Mehl, Ei, Milch, 1 EL Puderzucker und Vanillezucker zu einem glatten Teig verarbeiten. Die Blüten in den Teig tauchen und etwas abschütteln. Das Öl in einer Pfanne erhitzen und Holunderblüten 5 Minuten ausbacken. Auf Küchenkrepp abtropfen lassen und in 2 EL Puderzucker wenden. Dazu passt Fruchtjoghurt.

ZUBEREITUNGSZEIT 20 MINUTEN

STEAK-SANDWICH
IM PITABROT

Leichte Brise

- 2 EL flüssiger Honig
- 5 EL Olivenöl
- 1 Knoblauchzehe, fein gehackt
- 2–3 EL Sojasoße
- Meersalz, Pfeffer
- 2 Zucchini, in Scheiben geschnitten
- 2 Paprika, entkernt und
  in breite Streifen geschnitten
- 2 Pitabrote
- 2 Rinder-Steaks (je 160 g)
- 1 gehäufter EL Pesto (30 g)

1. Honig, Öl, Knoblauch, Sojasoße, Salz und Pfeffer zu einer Marinade gut verrühren. Das Gemüse und die Steaks mindestens 30 Minuten marinieren, falls möglich auch etwas länger (maximal 2 Stunden).

2. Die Steaks auf dem Grill von jeder Seite etwa 4 Minuten grillen, das Gemüse von jeder Seite 2–3 Minuten grillen. Alternativ die Steaks und das Gemüse in einer heißen Pfanne mit etwas Öl von jeder Seite 4 Minuten braten. Die Pitabrote kurz mitrösten, bis sie knusprig sind. Das Pesto auf den Broten verteilen, mit dem Gemüse und dem Fleisch befüllen. Mit Salz und Pfeffer würzen.

**ZUBEREITUNGSZEIT 30 MINUTEN
(OHNE MARINIERZEIT)**

   **Pitabrote,
Pesto**

PAELLA
MIT HÜHNCHEN, GARNELEN UND GEMÜSE

Leichte Brise

- 2 EL Olivenöl
- ¾ Tasse Risotto-Reis (100 g)
- 1 Zwiebel, fein gewürfelt
- 1 Knoblauchzehe, fein gehackt
- 1 TL Gemüsebrühe-Pulver
- 1 ½ Tassen Wasser (300 ml)
- 1 Kapsel Safran in Fäden (à 0,01 g)
- 100 g geschälte, entdarmte Garnelen
- 2 Hähnchenbrust-Filets (je 150 g), in 1 cm große Würfel geschnitten
- 1 TL getrocknete Kräuter der Provence
- 1 rote und 1 gelbe Paprika, entkernt und in 1 cm große Stücke geschnitten
- Meersalz, Pfeffer
- 2 EL Zitronensaft

1. Für den Reis 1 EL Öl in einer Pfanne erhitzen, Reis, Zwiebeln und Knoblauch anschwitzen. Dann das Gemüsebrühe-Pulver, 1 ½ Tassen Wasser (300 ml) und Safran hinzufügen. Bei schwacher Hitze 10 Minuten köcheln lassen, dabei mehrmals umrühren. Dann 15 Minuten quellen lassen. Kurz vor Ende der Quellzeit die Garnelen untermischen.

2. Inzwischen 1 EL Öl erhitzen, Hähnchenbrust, Kräuter der Provence und Paprika rundherum 5 Minuten braten. Unter den Reis mischen und mit Salz, Pfeffer und Zitronensaft würzen.

ZUBEREITUNGSZEIT 30 MINUTEN

  **Safran in Fäden, Risotto-Reis**

FISCHFILETS IN BIERTEIG
MIT KARTOFFELN UND REMOULADE

Leichte Brise

- 4 mittelgroße Kartoffeln (400 g), geschält und halbiert
- Meersalz
- 1 Tasse Bier (200 ml)
- 1 Tasse Mehl (100 g)
- 1 Ei (Größe M)
- Pfeffer
- 2 Fischfilets ohne Haut, (je 150 g Rotbarsch, Dorsch oder anderer Fisch)
- 2 EL Olivenöl
- 1 Zitrone, in Spalten geschnitten
- 100 g Remoulade

1. Die Kartoffeln in Salzwasser zugedeckt gar kochen, dann abgießen.

2. Inzwischen für den Bierteig Bier, Mehl, Ei, Salz und Pfeffer verrühren. Die Fischfilets durch den Teig ziehen. Das Öl in einer Pfanne erhitzen, die Fischfilets 5 Minuten rundherum braten. Den Fisch mit den Kartoffeln, Zitronenspalten und Remoulade servieren.

ZUBEREITUNGSZEIT 25 MINUTEN

KARTOFFEL-ZITRONENPÜREE
MIT GEBRATENEN SCHINKEN-PAPRIKA

Leichte Brise

- 6 mittelgroße Kartoffeln, (600 g), geschält und halbiert
- 2 EL Olivenöl
- 1 Bio-Zitrone, Schale fein abgerieben, den Saft ausgepresst
- Meersalz, Pfeffer
- gemahlene Muskatnuss
- 100 g Schinken, grob gewürfelt
- 2 rote Paprika, in 1 cm große Würfel geschnitten
- 1 EL Kräuter der Provence

1. Die Kartoffeln in Salzwasser gar kochen. Dann abgießen, ½ Tasse Kochwasser (100 ml) auffangen. Die Kartoffeln mit einer Gabel gut zerdrücken. Anschließend mit 1 EL Olivenöl, Kochwasser, Zitronenschale und Zitronensaft vermengen. Mit Salz, Pfeffer und Muskatnuss würzen.

2. 1 EL Olivenöl in einer Pfanne erhitzen, Schinken anrösten. Die Paprika und die Kräuter der Provence hinzufügen und 5 Minuten braten. Mit Salz und Pfeffer würzen.

ZUBEREITUNGSZEIT 20 MINUTEN

FISCH IN EINER CORNFLAKESKRUSTE
MIT KARTOFFELN
UND FENCHEL-TZATZIKI

Leichte Brise

- 4 mittelgroße Kartoffeln (400 g)
- Salz
- 1 Knoblauchzehe, fein gehackt
- 250 g Speisequark (20 % Fett)
- 3 EL Zitronensaft (oder Essig)
- 1 kleine Fenchelknolle, fein gewürfelt, das Fenchelgrün gehackt
- Pfeffer
- 1 Ei (Größe M)
- 2 Fischfilets (je 150 g Rotbarsch, Dorsch oder anderer Fisch)
- ½ Tasse Cornflakes ohne Zucker (50 g, im Bioladen oder Reformhaus erhältlich), grob gehackt
- 2 EL Olivenöl

1. Die Kartoffeln in Salzwasser zugedeckt gar kochen.

2. Inzwischen für das Fenchel-Tzatziki Knoblauch, Quark, Zitronensaft, Fenchel, Fenchelgrün, Salz und Pfeffer gut verrühren.

3. Das Ei verrühren. Die Fischfilets salzen, dann durch das Ei ziehen, in den gehackten Cornflakes wenden und gut andrücken.

4. Das Öl in einer Pfanne erhitzen, die Fischfilets von jeder Seite 4–5 Minuten braten.

ZUBEREITUNGSZEIT 30 MINUTEN

  Cornflakes ohne Zucker

GEGRILLTE STEAKS
IN BIERMARINADE UND RADIESCHEN-KARTOFFELSALAT

Leichte Brise

- ½ Tasse Bier (100 ml)
- 3 EL milder Senf
- 1 Knoblauchzehe, fein gehackt
- 4 EL Olivenöl
- 1 EL Honig
- Meersalz, Pfeffer
- 2 Rinder-Steaks (je 170 g)
- 4 mittelgroße Kartoffeln (400 g), geschält und in 2 cm große Würfel geschnitten
- 10 Radieschen, in Scheiben geschnitten
- 1 TL Kapern (10 g), grob gehackt
- 2 EL Rotweinessig (oder anderer)

1. Bier, 2 EL Senf, Knoblauch, 2 EL Öl, Honig, Salz und Pfeffer verrühren. Die Steaks darin etwa 30 Minuten marinieren. Falls Zeit vorhanden, gerne auch länger (maximal 2 Stunden).

2. Inzwischen die Kartoffeln in Salzwasser 5 Minuten zugedeckt kochen, dann abgießen. Noch warm mit Radieschen, 2 EL Öl, 1 EL Senf, Kapern und 2 EL Essig vermischen. Mit Salz und Pfeffer würzen.

3. Die Steaks aus der Marinade nehmen, gut abtropfen lassen und auf dem Grill von jeder Seite 5 Minuten grillen. Alternativ in einer heißen Pfanne mit etwas Öl von jeder Seite 4 Minuten braten.

ZUBEREITUNGSZEIT 20 MINUTEN (PLUS MARINIERZEIT)

  Kapern

MELONENSALAT
MIT GEBRATENEM FISCH
UND SESAMMUS

Leichte Brise

- 1 Cantaloupe oder Honigmelone (etwa 1 kg), entkernt, ohne Schale und in dünne Scheiben geschnitten
- 5 EL Sesammus/Tahin (im Reformhaus, im türkischen Lebensmittelladen oder Bioladen erhältlich)
- 1 EL Sesam
- 3 EL Zitronensaft
- 2 EL Kürbiskernöl
- Meersalz, Pfeffer
- 2 Fischfilets ohne Haut (je 150 g, Kabeljau, Seelachs oder anderer Fisch)
- 2 EL Olivenöl

1. Melone, 2 EL Sesammus, Sesam, Zitronensaft, Kürbiskernöl, Salz und Pfeffer vermischen.

2. Den Fisch mit Salz und Pfeffer würzen. 3 EL Öl in einer Pfanne erhitzen, den Fisch von jeder Seite 3–4 Minuten braten.

3. Mit dem Melonensalat und dem restlichen Sesammus servieren.

ZUBEREITUNGSZEIT 25 MINUTEN

   Sesammus / Tahin, Kürbiskernöl

GEFÜLLTE HÜHNCHENBRUST
MIT HONIG-BARBECUE-SOSSE
UND CHICOREE-FENCHELSALAT

Leichte Brise

- 50 g rundes Pumpernickel, fein gehackt (5 Scheiben)
- 2 EL warmes Wasser
- 2 EL Mandelmus (im Reformhaus, im türkischen Lebensmittelladen oder Bioladen erhältlich)
- 1 TL getrockneter Majoran
- 2 Hühnchenbrüste (je 150 g, Filet)
- Meersalz, Pfeffer
- 1 Msp. mildes Paprikapulver
- 4 EL Olivenöl
- 1 kleine Fenchelknolle, in feine Streifen geschnitten
- 1 Chicoree, halbiert, Strunk entfernt und quer in Streifen geschnitten
- 1 EL Kapern (20 g), gut abgetropft und grob gehackt
- 2 Frühlingszwiebeln, in Ringe geschnitten
- 1 EL Weißweinessig (oder anderer)
- ½ Tasse Honig-Barbecue-Soße (100 ml/oder andere Grillsoße)
- 10 Knäckebrottaler (z. B. Wasa Knäckis), alternativ Knäckebrot oder Schüttelbrot (im Supermarkt erhältlich)

1. Pumpernickel, 2 EL warmes Wasser, 1 EL Mandelmus und Majoran gut verkneten. In die Hühnchenbrüste längs eine Tasche schneiden. Innen und außen mit Salz, Pfeffer und Paprikapulver würzen. Die Füllung hineingeben und mit Holzspießen verschließen.

2. 2 EL Öl in einer Pfanne erhitzen, die Hühnchenbrüste von jeder Seite 5 Minuten braten. Für den Salat Fenchel, Chicoree, Kapern, Frühlingszwiebeln, 2 EL Öl, Essig und 1 EL Mandelmus vermischen. Mit Salz und Pfeffer würzen. Mit der Honig-Barbecue-Soße und den Knäckebrottalern servieren.

ZUBEREITUNGSZEIT 25 MINUTEN

   Honig-Barbecue-Soße, Knäckebrottaler, Mandelmus, Kapern

GEGRILLTER LACHS
MIT RAITA UND
GURKEN-MELONENSALAT

Leichte Brise

- 2 EL Öl
- 1 EL Sonnenblumenkerne
- 2 EL Weißweinessig (oder anderer)
- Salz, Pfeffer
- ½ Gurke, geschält und in dünne Scheiben geschnitten
- 150 g Cantaloupe- oder Wasser- melone, geschält, entkernt und in dünne Scheiben geschnitten
- 2 TL mildes Currypulver
- 10 EL Naturjoghurt (100 g)
- 2 EL getrocknete Kokosraspel
- 2 Lachsfilets mit Haut, je 150 g

1. Für den Salat Öl, Sonnenblumenkerne, Essig, Salz und Pfeffer verrühren. Melone, Gurke und Dressing gut vermischen.
Für das Raita 1 TL Curry, Joghurt und Ko- kosraspeln verrühren. Mit Salz und Pfeffer würzen.

2. Die Lachfilets mit Salz, Pfeffer und 1 TL Curry würzen. Auf dem Grill (am besten in einer Grillschale oder in Alufolie) auf beiden Seiten je 4 Minuten grillen (alternativ in einer Pfanne mit 2 EL Olivenöl braten).

ZUBEREITUNGSZEIT 35 MINUTEN

   Kokosraspel, Sonnenblumenkerne

GEGRILLTE ZUCCHINI
MIT TOMATEN-
APRIKOSEN-CHUTNEY

Leichte Brise

- 3 EL Olivenöl
- 3 EL Sojasoße
- 1 Msp. Chili-Pulver
- 2 EL Zitronensaft
- 3 Zucchini, längs halbiert
- Salz, Pfeffer
- 1 Zwiebel, fein gewürfelt
- 1 Dose ganze, geschälte Tomaten (400 ml Inhalt, 240 g Abtropf- gewicht), in 3 cm große Stücke geschnitten
- 1 Knoblauchzehe, fein gehackt
- 1 Dose Aprikosen (425 ml Inhalt, Abtropfgewicht 250 g), abgetropft und fein gewürfelt
- 2 EL Balsamico-Essig
- 2 ½ EL Pinienkerne (30 g)

1. 2 EL Olivenöl, Sojasoße, Chili-Pulver und Zitronensaft verrühren. Die Zucchini salzen und pfeffern, dann mit der Mari- nade vermischen und 30 Minuten ziehen lassen.

2. Für das Chutney 1 EL Öl in einem Topf erhitzen, Zwiebel, Tomaten und Knob- lauch 3 Minuten anschwitzen, dann die Aprikosen hinzufügen. Mit Essig, Salz und Pfeffer würzen. Pinienkerne rösten und hinzufügen.

3. Die Zucchini auf dem Grill (am besten in einer Grillschale) oder in der Pfanne von jeder Seite 3 Minuten grillen. Mit dem Tomaten-Aprikosen-Chutney servieren.

ZUBEREITUNGSZEIT 25 MINUTEN (PLUS MARINIERZEIT)

  Pinienkerne

ROTE BETE
MIT HERING,
GEBRATENEN ÄPFELN
UND SALSICCE

Leichte Brise

- 1 EL Olivenöl
- 2 Frühlingszwiebeln, in Ringe geschnitten
- 5 Blätter Salbei, fein gehackt, alternativ 1 TL getrockneter Salbei
- 100 g Salsicce, in dünne Scheiben geschnitten, alternativ Chorizo oder Salami
- 1 Apfel, halbiert, entkernt und in feine Spalten geschnitten
- 50 g Crème Fraîche
- 1 TL Sahne-Meerrettich
- 2 EL Zitronensaft
- Meersalz, Pfeffer
- 1 Packung vorgegarte Rote Bete (2 Stück/400 g, aus dem Supermarkt), in Spalten geschnitten
- 2 Heringsfilets, in 1 cm große Stücke geschnitten

1. Das Öl in einer Pfanne erhitzen, Zwiebeln, Salbei, Salsicce und Äpfel anbraten. Crème Fraîche, Meerrettich und Zitronensaft gut verrühren. Mit Salz und Pfeffer würzen.

2. Die Rote Bete und den Hering auf eine Platte (oder zwei Teller) legen, die angemachte Crème Fraîche darübergeben. Die noch warme Äpfel-Mischung darauf verteilen.

ZUBEREITUNGSZEIT 15 MINUTEN

   Salsicce

FRÜCHTE IN RUM
MIT QUARKCREME
UND RUSSISCH BROT

Leichte Brise

- ½ Tasse Rum (100 ml)
- 2 EL Zucker
- ¼ Tasse Orangensaft (50 ml)
- 250 g gemischte Früchte
  (Himbeeren, Erdbeeren, Blaubeeren,
  Apfelwürfel, Pfirsiche gewürfelt
  oder andere)
- 250 g Speisequark (20 % Fett)
- 2 EL flüssiger Honig
- ¼ TL gemahlener Zimt
- 1 EL Vanillezucker
- 2 Handvoll Russisch Brot (50 g),
  grob zerbröckelt (im Supermarkt
  erhältlich)

1. Rum, Zucker und Orangensaft erhitzen und 5 Minuten offen köcheln lassen. Die Früchte darin 2–3 Minuten schwenken und abkühlen lassen.

2. Quark, Honig, Zimt und Vanillezucker gut verrühren. Die Früchte mit dem Quark und Russisch Brot servieren.

ZUBEREITUNGSZEIT 20 MINUTEN

   Russisch Brot

KARAMELLISIERTE PFIRSICHE

Leichte Brise

- 4 Pfirsiche, halbiert und entsteint, alternativ 1 kleine Dose eingelegte Pfirsiche (Inhalt 825 ml/Abtropfgewicht 490 g)
- 3 EL Zucker
- 1 kleines Stück Ingwer (10 g), fein gerieben
- 1 EL gehackte Pistazien, alternativ gehackte Mandeln
- Alufolie
- 2 Becher Vanillejoghurt (300 g)

1. Pfirsiche mit Zucker, Ingwer und Pistazien bestreuen. Dann in Alufolie wickeln und auf dem Grill (oder in einer Pfanne) 3–5 Minuten grillen. Mit dem Vanillejoghurt servieren.

ZUBEREITUNGSZEIT 15 MINUTEN

   Ingwer, Pistazien

ERDBEEREIS
MIT GEBRATENEN ERDBEEREN

Leichte Brise

- 1 EL Olivenöl
- 2 EL Pistazien (30 g), alternativ gehackte Mandeln
- 2 Zweige Rosmarin, abgezupft und fein gehackt, alternativ 1 TL getrockneter Rosmarin
- 1 große Schale Erdbeeren (500 g), geputzt und halbiert, alternativ andere Früchte wie z. B. Himbeeren, Pfirsiche etc.
- 1 EL Zucker
- 4 Kugeln Erdbeer- oder Joghurteis (etwa 100 ml) (falls keine Eisdiele oder anderer Laden vorhanden, alternativ 250 g Speisequark und 3 EL Holunderblütensirup vermischen und zu den Erdbeeren servieren)

1. Das Öl in einer Pfanne erhitzen, die Pistazien und den Rosmarin anbraten. Dann die Erdbeeren und den Zucker hinzufügen und einmal durchschwenken.

2. Eis portionieren und mit den Erdbeeren servieren.

ZUBEREITUNGSZEIT 15 MINUTEN

   Pistazien

MÄSSIGER WIND

Mäßige Wellen

(3-4 Beaufort)

Gerichte mit wenig Aufwand für Segeltage mit mäßigem Wind und kurzen Törns, an denen man abends noch Zeit und Lust hat, Mahlzeiten mit etwas Besonderem zuzubereiten.

Beaufort 3:
Windgeschwindigkeit 3,4 - 5,4 m/s; 7 - 10 Knoten: Kämme beginnen sich zu brechen.
Schaum überwiegend glasig, ganz vereinzelt können kleine weiße Schaumköpfe auftreten.

Beaufort 4:
Windgeschwindigkeit 5,5 - 7,9 m/s; 11 - 16 Knoten: Wellen noch klein, werden aber länger.
Weiße Schaumköpfe treten schon ziemlich verbreitet auf.

ROH MARINIERTER KABELJAU
MIT RADIESCHEN UND DILL

Mäßiger Wind

- 2 EL Olivenöl
- 3 EL Zitronensaft, alternativ Essig
- 1 Knoblauchzehe, fein gehackt
- Meersalz, Pfeffer
- 1 Kabeljaufilet (200 g),
  in hauchdünne Scheiben geschnitten
- 3 Zweige Dill, grob gehackt,
  alternativ 1 TL getrockneter Dill
- 6 Radieschen,
  in dünne Scheiben geschnitten

1. Öl, Zitronensaft, Knoblauch, Salz und Pfeffer verrühren und über dem Fisch verteilen und etwa 40 Minuten marinieren.

Anschließend die Radieschen und den Dill über dem Fisch verteilen.

ZUBEREITUNGSZEIT I5 MINUTEN (PLUS MARINIERZEIT)

TOMATENSALAT
MIT ZIEGENKÄSE,
GEBACKENEN HOLUNDERBLÜTEN
UND KÜRBISKERNEN

Mäßiger Wind

- 5 mittelgroße Tomaten (500 g), in Scheiben geschnitten
- 70 g Ziegenkäse, z. B. Ziegengouda, in Scheiben geschnitten
- 1 EL Kürbiskerne (10 g), grob gehackt
- 10 Basilikumblätter, alternativ 1 Tl getrockneter Basilikum
- 2 EL Kürbiskernöl
- 1 TL Honig
- 2 EL Weißweinessig
- Meersalz, Pfeffer
- 1 Tasse Mehl (100 g)
- 1 Ei (Größe M)
- ½ Tasse Milch (100 ml)
- 6 Dolden Holunderblüten (Blütezeit Mai/Juni)
- 2 EL Öl

1. Die Tomaten und den Ziegenkäse auf einer Platte verteilen. Kürbiskerne und Basilikumblätter darüberstreuen. Kürbiskernöl, Honig und Essig mischen und über dem Tomatensalat verteilen. Mit Salz und Pfeffer würzen.

2. Mehl, Ei, Milch, Salz und Pfeffer mit einem Schneebesen verrühren. Holunderblüten eintauchen, etwas abschütteln. Das Öl erhitzen und die Holunderblüten 5 Minuten ausbacken.

Danach auf dem Salat verteilen.

ZUBEREITUNGSZEIT ETWA 45 MINUTEN

   Kürbiskernöl, Kürbiskerne

KRÄUTERSALAT
MIT ERDBEEREN UND GEBRATENEM SEELACHS

Mäßiger Wind

- 2 EL Kürbiskernöl
- 2 EL Balsamico-Creme oder Balsamico-Essig
- 1 TL flüssiger Honig
- Meersalz, Pfeffer
- 1 Bund gemischte Kräuter, gezupft
- 1 kleine Schale Erdbeeren (250 g), geputzt und halbiert
- 2 Seelachsfilets (je 150 g), in Würfel geschnitten
- 2 EL Mohn, (alternativ Sesam)
- 2 ½ EL Pinienkerne (30 g)

1. Kürbiskernöl, Balsamico-Creme, Honig, Salz und Pfeffer gut verrühren. Kräuter, Erdbeeren und Dressing vermischen.

2. Den Seelachs in dem Mohn wenden. Das Öl in einer Pfanne erhitzen und den Fisch 5 Minuten braten. Kurz vor Ende der Garzeit die Pinienkerne hinzufügen und mitrösten.

Mit dem Salat servieren.

ZUBEREITUNGSZEIT 25 MINUTEN

Kürbiskernöl, Balsamico-Creme, Mohn, Pinienkerne

GEFÜLLTE TOMATEN
MIT KARTOFFELN, SARDINEN UND OLIVEN

Mäßiger Wind

- 1 Tasse Milch (200 ml)
- 2 EL Olivenöl
- 1 Knoblauchzehe, fein gehackt
- 1 Päckchen Kartoffelpüree (für 250 ml Milch)
- 6 mittelgroße Tomaten (600 g), halbiert und ausgehöhlt, die Kerne aufbewahrt
- ½ Dose Sardinen in Öl (aus der Dose, Inhalt 120 g, Fischeinwaage 90 g), grob gehackt
- 15 schwarze Oliven ohne Stein, grob gehackt
- Meersalz, Pfeffer

1. Milch, 1 EL Olivenöl und Knoblauch erhitzen. Das Kartoffelpüree-Pulver einrühren. Die Tomatenkerne grob zerkleinern und unter das Kartoffelpüree mischen. Die Sardinen und die Oliven unter die Kartoffelmasse mischen. Mit Salz und Pfeffer würzen.

2. Die Kartoffelmasse in die Tomatenhälften füllen. Dann die Tomaten in eine Pfanne legen und 1 EL Öl hinzufügen. 10 Minuten erhitzen und noch heiß servieren.

ZUBEREITUNGSZEIT 30 MINUTEN

PUMPERNICKEL-FORELLEN-TÜRMCHEN
MIT RADICCHIO

Mäßiger Wind

- 100 g Frischkäse
- 1 TL Sahne-Meerrettich (aus dem Glas)
- 1 EL Kapern (20 g), abgetropft und grob gehackt
- Meersalz, Pfeffer
- 1 kleiner Radicchio oder 2 Chicoree, Strunk entfernt und in mundgerechte Stücke geschnitten
- 2 geräucherte Forellenfilets (125 g), in 8 Stücke geteilt
- 12 Scheiben rundes Pumpernickel (120 g)

1. Frischkäse, Meerrettich, Kapern, Salz und Pfeffer verrühren.

2. Pumpernickel, Frischkäse-Creme, Radicchio (oder Chicoree) und Forellenstücke abwechselnd mit jeweils 3 Pumpernickeln schichten. 4 Pumpernickel-Forellen-Türmchen zusammensetzen.

ZUBEREITUNGSZEIT 20 MINUTEN

  Pumpernickel, Kapern, Sahne-Meerrettich

GEBRATENE PFIFFERLINGE
MIT POLENTA

Mäßiger Wind

- 1 Tasse Milch (200 ml)
- ¾ Tasse Polenta (80 g)
- Meersalz, Pfeffer, Muskatnuss
- 2 EL Öl
- 350 g Pfifferlinge, geputzt und halbiert
- 1 Rosmarin-Zweig, fein gehackt, alternativ ½ TL getrockneter Rosmarin
- 1 Knoblauchzehe, fein gehackt
- 2 gehäufte EL Parmesan (20 g), grob gerieben

1. Die Milch aufkochen, Polenta einrühren und etwa 15 Minuten bei milder Hitze quellen lassen. Mit Salz, Pfeffer und Muskatnuss würzen.

2. Das Öl in einer Pfanne erhitzen, Pfifferlinge, Rosmarin und Knoblauch etwa 5 Minuten braten. Mit Salz und Pfeffer würzen. Die Polenta mit den Pilzen und dem Parmesan bestreut servieren.

ZUBEREITUNGSZEIT ETWA 30 MINUTEN

SEELACHS MIT APFEL-SENFSOSSE
UND KARTOFFEL-MEERRETTICH-STAMPF

Mäßiger Wind

- 4 mittelgroße Kartoffeln (400 g), geschält und halbiert
- Meersalz
- 1 Apfel, geschält, entkernt und fein gewürfelt
- 1 EL Weißweinessig (oder anderer)
- 3 EL Olivenöl
- 1 Zwiebel, fein gewürfelt
- ½ Tasse Schlagsahne (100 ml)
- ½ Tasse Weißwein (100 ml)
- 2–3 EL mittelscharfer Senf
- 2 Seelachsfilets (je 150 g, oder anderes Fischfilet)
- gemahlene Muskatnuss
- Pfeffer
- 2–3 TL Sahne-Meerrettich (aus dem Glas)

1. Die Kartoffeln in Salzwasser gar kochen. Die Apfelwürfel und den Essig mischen. Für die Soße 1 EL Öl in einem Topf erhitzen und die Zwiebel anschwitzen. Mit der Sahne und dem Weißwein ablöschen. Den Senf und die Apfelwürfel hinzufügen. Mit Salz und Pfeffer würzen.

2. 2 EL Öl in einer Pfanne erhitzen, den Fisch von jeder Seite 5 Minuten braten. Die Kartoffeln abgießen, mit einer Gabel zerdrücken und mit Meerrettich, Salz, Muskatnuss und Pfeffer abschmecken. Mit der Soße servieren.

ZUBEREITUNGSZEIT 30 MINUTEN

BAGUETTE MIT AVOCADOCREME,
NEKTARINEN, KRABBEN UND TOMATEN

Mäßiger Wind

- 1 weiche Avocado
- 3 EL Zitronensaft
- 1 Knoblauchzehe, grob gehackt
- Meersalz, Pfeffer
- ½ Baguette
- 1 Nektarine, halbiert, entkernt und in dünne Scheiben geschnitten
- 4 EL Nordsee-Krabben (80 g)
- 1 Tomate, in dünne Scheiben geschnitten

1. Das Avocado-Fruchtfleisch vom Stein und aus der Schale lösen, sofort mit dem Zitronensaft vermischen. Avocado, Knoblauch, Salz und Pfeffer mit einer Gabel zerdrücken.

2. Das Baguette damit bestreichen. Mit den Nektarinenspalten, Krabben und Tomatenscheiben belegen.

ZUBEREITUNGSZEIT 15 MINUTEN

PFANNKUCHEN
MIT ZUCCHINIGEMÜSE
UND PECORINOKÄSE

Mäßiger Wind

- 1 Tasse Buchweizenmehl (100 g), alternativ Weizenmehl
- 1 Ei (Größe M)
- Meersalz
- 1 Tasse Wasser (200 ml)
- 3 EL Olivenöl
- 2 Zwiebeln, in Ringe geschnitten
- 2 Zucchini, längs halbiert und in Scheiben geschnitten
- 15 schwarze Oliven ohne Stein, in Scheiben geschnitten
- Pfeffer
- 2 EL geriebener Pecorino (alternativ Parmesan oder anderer Reibekäse)

1. Buchweizenmehl, Ei, Salz und 1 Tasse Wasser (200 ml) gut verrühren. In einer leicht geölten Pfanne (1 EL Olivenöl) nacheinander 4 Pfannkuchen ausbacken. Warm halten.

2. 2 EL Öl in der Pfanne erhitzen, Zwiebeln und Zucchini anschwitzen. Die Oliven hinzufügen und mit Salz und Pfeffer würzen. Die Pfannkuchen mit dem Zucchinigemüse belegen und mit dem Pecorino bestreut servieren.

ZUBEREITUNGSZEIT 20 MINUTEN

  **Buchweizenmehl**

ZITRONEN-KARTOFFELN
MIT SCHNITTLAUCH-QUARK
UND MATJESFILETS

Mäßiger Wind

- 2 EL Olivenöl
- 1 Zwiebel, fein gewürfelt
- ¼ TL Kreuzkümmel (Cumin)
- 4 mittelgroße Kartoffeln (400 g), geschält und in Spalten geschnitten
- ½ TL Gemüsebrühe-Pulver
- ½ Tasse Wasser (100 ml)
- 1 Bio-Zitrone
- Meersalz, Pfeffer
- gemahlene Muskatnuss
- ¼ Gurke, geschält und fein gewürfelt
- 2 Matjesfilets, in 1 cm große Stücke geschnitten
- 1 EL Sahne-Meerrettich (im Glas)
- 250 g Speisequark (20 % Fett)
- 1 Bund Schnittlauch, fein geschnitten

1. Das Öl in einer Pfanne erhitzen, Zwiebeln, Kreuzkümmel und Kartoffelspalten anschwitzen. Mit dem Gemüsebrühe-Pulver und ½ Tasse Wasser (100 ml) ablöschen und zugedeckt 10 Minuten kochen. Die Zitronenschale fein abreiben. Die Zitrone schälen, dann die Filets herauslösen. Kurz vor Ende der Garzeit die Filets und die Zitronenschale hinzufügen. Mit Salz, Pfeffer und Muskatnuss würzen.

2. Für den Schnittlauch-Quark Gurke, die Hälfte des Matjes, Meerrettich, Quark und Schnittlauch verrühren. Mit Salz und Pfeffer würzen. Mit den Kartoffeln und dem restlichen Matjes servieren.

ZUBEREITUNGSZEIT 25 MINUTEN

   Kreuzkümmel, Sahne-Meerrettich

GEMÜSE-HIRSOTTO
MIT LACHSWÜRFELN

Mäßiger Wind

- 3 EL Olivenöl
- 2 Zwiebeln, fein gewürfelt
- 1 Knoblauchzehe, fein gehackt
- 1 EL Kräuter der Provence
- ¾ Tasse Hirse (100 g)
- 2 ½ Tassen Wasser (500 ml)
- 1 TL Gemüsebrühe-Pulver
- 1 Rote Paprika, entkernt und in
  1 cm große Würfel geschnitten
- 1 Zucchini, halbiert und
  in Scheiben geschnitten
- 2 Lachsfilets (je 150 g),
  in 2 cm große Würfel geschnitten
- 3 EL Zitronensaft
- Meersalz, Pfeffer
- 2 gehäufte EL Parmesankäse (30 g),
  fein gerieben

1. 1 EL Öl in einem Topf erhitzen, Zwiebeln, Knoblauch und Kräuter der Provence anschwitzen, Hirse hinzufügen und kurz anschwitzen.
2 ½ Tassen Wasser (500 ml) und das Gemüsebrühe-Pulver hinzufügen und 15 Minuten zugedeckt kochen. 5 Minuten vor Ende der Garzeit die Paprika und die Zucchini hinzufügen. Dann mit Salz und Pfeffer würzen.

2. 2 EL Öl in einer Pfanne erhitzen, die Lachswürfel 5 Minuten braten. Mit Salz, Pfeffer und Zitronensaft würzen. Den Fisch mit dem Hirsotto und dem Parmesan servieren.

ZUBEREITUNGSZEIT 30 MINUTEN

  Hirse

RUCOLASALAT
MIT ARTISCHOCKEN, HÄHNCHENBRUST UND ZIEGENKÄSE

Mäßiger Wind

- Hähnchenbrustfilets (je 150 g), in Streifen geschnitten
- Meersalz, Pfeffer
- 1 TL getrocknete Kräuter der Provence
- 3 EL Olivenöl
- 6 EL Joghurt (oder Crème Fraîche)
- 2 EL Zitronensaft (oder Essig)
- 2 Bund Rucola (oder anderer Salat), grob gehackt
- 1 Dose Artischockenherzen (425 ml Inhalt, 240 g Abtropfgewicht), abgetropft und in Spalten geschnitten
- ½ Packung Ziegenkäse-Rolle (50 g), in Stücke geschnitten, alternativ Camembert
- 15 Oliven ohne Stein, in Scheiben geschnitten
- 1 Handvoll Brotchips, alternativ Roggen-Knäckebrot z. B. Finn Crisp

1. Die Hähnchenbruststreifen mit Salz, Pfeffer und Kräutern der Provence würzen. 2 EL Öl in einer Pfanne erhitzen, die Hähnchenbruststreifen 5 Minuten braten.

2. Für das Dressing Joghurt, Zitronensaft, 1 EL Öl, Salz und Pfeffer gut verrühren. Rucola (oder anderer Salat), Artischockenherzen, Ziegenkäse, Oliven und Dressing gut vermischen. Die Hähnchenbruststreifen darauf verteilen. Mit den Brotchips bestreuen.

ZUBEREITUNGSZEIT 15 MINUTEN

   Brotchips, Artischockenherzen

RUMPSTEAKS IN RUM-MARINADE
MIT MEDITERRANEM TOMATEN-BROTSALAT

Mäßiger Wind

- 5 EL Rum
- 1 Knoblauchzehe, fein gehackt
- 2 TL getrocknete Kräuter der Provence
- 2 Rumpsteaks (je etwa 160 g)
- 6 EL Olivenöl
- ½ Ciabatta oder 2 Brötchen, grob gewürfelt
- Meersalz, Pfeffer
- 5 mittelgroße Tomaten (500 g), in Spalten geschnitten
- 15 Oliven (mit Mandelkern oder ohne Stein)
- 5 EL geröstete, gesalzene Erdnüsse, grob gehackt (80 g)
- 1–2 EL Weißweinessig (oder anderer)

1. Rum, Knoblauch, 1 TL Kräuter der Provence, 1 EL Öl und Pfeffer gut verrühren. Die Steaks mindestens 1 Stunde darin marinieren (mit viel Zeit auch etwas länger, maximal 3 Stunden).

2. 2 EL Öl erhitzen, 1 TL Kräuter der Provence und Brotwürfel 5 Minuten rösten, dabei ständig rühren. Mit Meersalz und Pfeffer würzen. Tomaten, Brotwürfel, Oliven, Erdnüsse, 1 EL Öl und Essig vermischen. Nochmals mit Salz und Pfeffer abschmecken.

3. Die Steaks aus der Marinade nehmen. 2 EL Öl in einer Pfanne erhitzen und die Steaks von jeder Seite 5 Minuten braten.

ZUBEREITUNGSZEIT 25 MINUTEN (OHNE MARINIERZEIT)

  Erdnüsse, Oliven mit Mandelkern, Rum

GEBRATENES GEMÜSE
MIT DIJONSENF-CREME UND
EINGELEGTEN RUM-FEIGEN

Mäßiger Wind

- 5 getrocknete Feigen, in Scheiben geschnitten
- 5 EL Rum
- 2 EL Dijonsenf
- 6 EL Crème Fraîche
- 2 EL Zitronensaft
- Meersalz, Pfeffer
- 2 EL Olivenöl
- 4 Möhren, geschält und in Scheiben geschnitten
- 1 Paprika, entkernt und in Stücke geschnitten
- 1 Fenchel, halbiert, Strunk entfernt und in Würfel geschnitten
- 1 TL getrockneter Oregano
- ½ TL eingelegter grüner Pfeffer, grob gehackt
- 2 Pitabrote

1. Die Feigen und den Rum kurz aufkochen, dann beiseite stellen. Dijonsenf, Crème Fraîche, Zitronensaft, Salz und Pfeffer verrühren.

2. Das Öl in einer Pfanne erhitzen und das Gemüse darin 6–8 Minuten braten. Mit Salz, Oregano und grünem Pfeffer würzen. Die Pitabrote erwärmen. Das Gemüse mit den Pitabroten, Dijonsenf-Creme und Rum-Feigen servieren.

ZUBEREITUNGSZEIT 15 MINUTEN

  eingelegter grüner Pfeffer, getrocknete Feigen, Pitabrote

SESAM-OMELETTE
MIT MÖHREN-KICHERERBSEN-GEMÜSE

Mäßiger Wind

- 2 EL ÖL
- 5 mittelgroße Möhren (500 g), geschält und in Scheiben geschnitten
- 1 Zwiebel, fein gewürfelt
- 1 Knoblauchzehe, fein gehackt
- ½ Tasse Wasser (100 ml)
- ½ TL Gemüsebrühe-Pulver
- 1 Dose Kichererbsen (Inhalt 400 ml/Abtropfgewicht 240 g)
- 250 g stückige Tomaten (Tetrapak)
- Meersalz, Pfeffer
- gemahlene Muskatnuss
- 2 EL Sesammus (im Reformhaus, Bioladen oder beim türkischen Lebensmittelladen erhältlich)
- 2 EL Limetten- oder Zitronensaft
- 3 Eier (Größe M)
- 3 EL Milch
- 1 EL Sesam
- ½ Packung Schafskäse (50 g), grob zerbröckelt

1. 1 EL Öl in einem Topf erhitzen, Möhren, Zwiebeln und Knoblauch anschwitzen. Mit ½ Tasse Wasser (100 ml) und Gemüsebrühe ablöschen und zugedeckt 5 Minuten kochen. Die Kichererbsen und die stückigen Tomaten kurz vor Ende der Garzeit hinzufügen. Mit Salz, Pfeffer, Muskatnuss, Sesammus und Limettensaft würzen.

2. Für das Omelette Eier und Milch verrühren, mit Salz, Pfeffer und Sesam würzen. 1 EL Öl in einer Pfanne erhitzen, die Eiermasse bei geringer Hitze braten, wenn sie stockt, dann wenden. Das Omelett halbieren und mit dem Gemüse reichen. Den Schafskäse darüberbröseln.

ZUBEREITUNGSZEIT 20 MINUTEN

  Sesammus, Sesam, Kichererbsen

RÖSTI
MIT STEINPILZEN UND SCHNITTLAUCHCREME

Mäßiger Wind

- 15 g getrocknete Steinpilze
- etwa 2 Tassen (400 ml) warmes Wasser
- 1 Bund Schnittlauch, fein geschnitten
- 250 g Speisequark (20 % Fett)
- 2–3 EL Zitronensaft
- Meersalz, Pfeffer
- 4 mittelgroße Kartoffeln (400 g), geschält
- 1 EL Mehl
- 4 EL Olivenöl

1. Die Steinpilze in warmem Wasser 15 Minuten einweichen, dann ausdrücken und fein hacken.

2. Für die Schnittlauchcreme Schnittlauch, Quark, Zitronensaft, Salz und Pfeffer verrühren.

3. Die Kartoffeln auf der groben Seite einer Reibe raspeln. Die Steinpilze hinzufügen. Mit Salz und Pfeffer würzen, dann das Wasser gut ausdrücken. Das Mehl untermischen.

4. Das Öl in einer Pfanne erhitzen, 4 kleine Röstis formen und von jeder Seite 5 Minuten braten. Die Röstis mit der Schnittlauchcreme servieren. Dazu passt Salat.

ZUBEREITUNGSZEIT 30 MINUTEN

   getrocknete Steinpilze

FRISCHE BRISE

Große Wellen

(5–6 Beaufort)

Schnelle, nahrhafte, leichte Gerichte, die auch in tanzender See noch zuzubereiten sind und Kraft schenken – oder in aller Ruhe während eines Hafentags zelebriert werden können.

Beaufort 5:
Windgeschwindigkeit 8,0–10,7 m/s; 17–21 Knoten: Mäßige Wellen, die eine ausgeprägte, lange Form annehmen.
Überall weiße Schaumkämme. Ganz vereinzelt kann schon Gischt vorkommen.

Beaufort 6:
Windgeschwindigkeit 10,8–13,8 m/s; 22–27 Knoten: Bildung großer Wellen beginnt.
Kämme brechen und hinterlassen größere weiße Schaumflächen. Etwas Gischt.

SPARGEL-BRUSCHETTA

Frische Brise

- 500 g grüner Spargel, am unteren Ende anschälen, alternativ 2 Paprika in Streifen geschnitten oder 5 mittelgroße Tomaten in Würfel geschnitten
- Meersalz, Pfeffer
- 1 EL Zitronensaft
- 1 TL milder Senf
- 3 EL Olivenöl
- 30 g Parmesan, grob geraspelt
- 2 Brötchen oder ½ Baguette, in Scheiben geschnitten

1. Den Spargel in kochendem Salzwasser 6 Minuten kochen. Danach kalt abschrecken und längs halbieren. Mit Salz, Pfeffer, Zitronensaft, Senf und 1 EL Öl würzen. Den Parmesan untermischen.

2. 2 EL Öl in einer Pfanne erhitzen und die Brotscheiben von beiden Seiten je 1 Minute rösten.

Den marinierten Spargel auf den Brotscheiben verteilen.

ZUBEREITUNGSZEIT 20 MINUTEN

SPAGHETTI MIT KRÄUTERPESTO,
SARDELLEN UND PARMESAN

Frische Brise

- ½ Packung Spaghetti (250 g)
- Meersalz
- 2 EL Olivenöl
- 1 Zwiebel, fein gewürfelt
- 20 Sardellenfilets aus der Dose, fein gehackt
- 4 EL Kräuterpesto (Bärlauch, Basilikum oder Petersilie)
- Pfeffer
- 1 Msp. geriebene Muskatnuss
- 2 gehäufte EL geriebener Parmesankäse (20 g)

1. Die Spaghetti in kochendem Salzwasser 10 Minuten kochen. Das Öl erhitzen, Zwiebelwürfel anschwitzen.

2. Die Spaghetti abgießen, mit Pesto und Sardellen mischen.

Mit Salz, Pfeffer und Muskatnuss würzen. Den Parmesan darüber streuen.

ZUBEREITUNGSZEIT 15 MINUTEN

   Kräuterpesto, Sardellen

ARTISCHOCKENBÖDEN
GEFÜLLT MIT SCHWARZBROT, SCHINKEN UND OLIVEN

Frische Brise

- 2 EL Olivenöl
- 3 Scheiben Schinken, in Streifen geschnitten
- 1 Zwiebel, fein gewürfelt
- 2 Scheiben Schwarzbrot, fein gewürfelt
- 10 schwarze Oliven ohne Stein, in Scheiben geschnitten
- Meersalz, Pfeffer
- 1 Dose Artischockenböden (425 ml Inhalt), gut abgetropft
- 1 EL Balsamico-Essig
- 1 TL flüssiger Honig
- 2 Chicoree, halbiert, Strunk entfernt und in Streifen geschnitten
- 2 Tomaten, in Spalten geschnitten

1. 1 EL Öl in einer Pfanne erhitzen, Schinken, Zwiebel, Schwarzbrot und Oliven 3 Minuten rösten. Mit Salz und Pfeffer würzen.

2. Die Artischockenböden in einer Pfanne erwärmen und mit der Brotmischung füllen.

3. Für das Dressing Balsamico-Essig, 1 EL Öl, Salz, Honig und Pfeffer verrühren. Chicoree, Tomaten und Dressing gut vermischen.

ZUBEREITUNGSZEIT 15 MINUTEN

   Artischockenböden, schwarze Oliven

MÖHREN-RADIESCHEN-PFANNE

Frische Brise

- 5 mittelgroße Möhren (etwa 500 g), geschält und längs halbiert
- 10 Radieschen, geputzt und halbiert
- 6 Blätter Salbei, grob gehackt, alternativ 1 TL getrockneter Salbei
- 2 EL Olivenöl
- 1 Knoblauchzehe, fein gehackt
- 1 TL Kapern, grob gehackt
- Meersalz, Pfeffer
- 1 EL Rum
- 2 EL Crème Fraîche
- ½ Baguette

1. Möhren 5 Minuten in kochendem Salzwasser garen, dann abgießen.

2. Das Öl in einer Pfanne erhitzen, Möhren, Radieschen, Knoblauch, Kapern und Salbei 5 Minuten darin braten. Mit Salz, Pfeffer und Rum würzen.

Mit dem Baguette und Crème Fraîche servieren.

ZUBEREITUNGSZEIT 15 MINUTEN

   Kapern, Rum

PENNE
MIT AUBERGINEN-PAPRIKASUGO UND SESAMPASTE

Frische Brise

- 2 EL Olivenöl
- 1 rote Paprika, geviertelt, entkernt und in kleine Stücke geschnitten
- 1 Zwiebel, grob gewürfelt
- 1 Aubergine, grob gewürfelt
- 1 Packung stückige Tomaten (400 g, Tetrapak)
- Meersalz, Pfeffer
- ½ Packung Penne (250 g) (oder andere Nudeln)
- 1 EL Sesampaste (Tahin), (im Reformhaus, Bioladen oder beim türkischen Lebensmittelladen erhältlich)

1. Das Öl in einem Topf erhitzen, Paprika, Zwiebeln und Auberginen anschwitzen. Die stückigen Tomaten hinzufügen und 5 Minuten zugedeckt köcheln lassen. Mit dem Salz und dem Pfeffer würzen.

2. Die Penne in kochendem Salzwasser 8 Minuten kochen. Dann abgießen, mit der Sesampaste vermischen und dem Sugo servieren.

ZUBEREITUNGSZEIT 15 MINUTEN

  Sesampaste

ZIEGENKÄSE-SCHWARZBROT
MIT TRAUBEN UND PINIENKERNEN

Frische Brise

- 4 Scheiben Schwarzbrot
- 50 g Ziegenkäserolle oder Ziegen-gouda, in Scheiben geschnitten
- 4 Scheiben roher Schinken
- 20 weiße oder rote Weintrauben, halbiert und entkernt
- 2 EL Öl
- 1 EL Pinienkerne
- Meersalz, Pfeffer

1. Die Brotscheiben von 1 Seite mit Ziegenkäse, Schinken und Trauben belegen, dann zusammenklappen. Das Öl in einer Pfanne erhitzen, die Brote von jeder Seite 2 Minuten braten.

2. Herausnehmen und im heißen Öl die Pinienkerne einmal schwenken. Mit Salz und Pfeffer würzen und dazu reichen.

ZUBEREITUNGSZEIT 10 MINUTEN

   Pinienkerne

SALAT MIT OLIVEN,
KIRSCHEN, SCHINKEN UND KAPERN, DAZU BRUSCHETTA

Frische Brise

- 2 EL Olivenöl
- 2 EL Weißweinessig
- 1 TL milder Senf
- 1 EL Holunderblütensirup (gibt es im Reformhaus/Bioladen), alternativ Honig
- Meersalz, Pfeffer
- 1 kleiner Römersalat (oder anderer), in mundgerechte Stücke geschnitten
- 15 schwarze Oliven ohne Stein, in Scheiben geschnitten
- 150 g Sauerkirschen aus dem Glas (gut abgetropft)
- 4 Scheiben geräucherter Schinken, in kleine Stücke geschnitten
- 20 g Kapern, gut abgetropft
- 4 Scheiben Roggenbrot (oder anderes)
- 2 EL Erdnussbutter

1. Für das Dressing Olivenöl, Essig, Senf, Holunderblütensirup, Salz und Pfeffer gut verrühren.

2. Salat, Oliven, Kirschen, Schinken, Kapern und Dressing gut vermischen. Das Brot in Scheiben schneiden, mit der Erdnussbutter bestreichen und mit dem Salat servieren.

ZUBEREITUNGSZEIT 15 MINUTEN

  Holunderblütensirup, Erdnussbutter, Oliven, Sauerkirschen, Kapern

KARTOFFELN
MIT KOHLRABI-GURKEN-
TZATZIKI UND KRABBEN

Frische Brise

- 5 mittelgroße Kartoffeln (500 g), geschält und halbiert
- Meersalz
- ½ Kohlrabi, geschält und fein gewürfelt
- ¼ Gurke, fein gewürfelt
- 250 g Speisequark
- 1 Knoblauchzehe, fein gehackt
- 2 EL Limettensaft
- Pfeffer
- ¾ Tasse Nordsee-Krabben (100 g)

1. Die Kartoffeln 15 Minuten in kochendem Salzwasser garen.

Für das Tzatziki Kohlrabi, Gurken, Quark, Knoblauch, Limettensaft, Salz und Pfeffer gut verrühren.

2. Die Kartoffeln abgießen, mit dem Quark und den Krabben servieren.

ZUBEREITUNGSZEIT 20 MINUTEN

WARMER MANGOLD
MIT KIRSCHEN UND FRISCHKÄSE

Frische Brise

- 3 EL Weißweinessig (oder anderer Essig)
- 4 EL Olivenöl
- 6 TL Mandelmus (im Reformhaus, Bioladen oder beim türkischen Lebensmittelladen erhältlich)
- 1 EL flüssiger Honig
- 1 Knoblauchzehe, fein gehackt
- Meersalz, Pfeffer
- 1 Dose Kichererbsen, gut abgetropft (400 g Inhalt, Abtropfgewicht 240 g)
- 5 mittelgroße Tomaten (etwa 500 g), in Stücke geschnitten
- 2 Kabeljaufilets ohne Haut (je 160 g, alternativ ein anderer Fisch)
- 1 Zitrone, in Scheiben geschnitten

1. Für den Salat Essig, 3 EL Öl, 1 TL Mandelmus, Honig, Knoblauch, Salz und Pfeffer gut verrühren. Mit den Kichererbsen und den Tomaten mischen.

2. 1 EL Öl in einer Pfanne erhitzen, die Fischfilets rundherum 5 Minuten braten. Je 1 TL Mandelmus, Zitronenscheiben, Salz und Pfeffer darauf verteilen. Den Salat und das restliche Mandelmus dazu reichen.

ZUBEREITUNGSZEIT 15 MINUTEN

   Mandelmus, Kichererbsen

KABELJAU
MIT KICHERERBSEN-TOMATENSALAT UND MANDELMUS

Frische Brise

- 3 EL Weißweinessig (oder anderer Essig)
- 4 EL Olivenöl
- 6 TL Mandelmus (im Reformhaus, Bioladen oder beim türkischen Lebensmittelladen erhältlich)
- 1 EL flüssiger Honig
- 1 Knoblauchzehe, fein gehackt
- Meersalz, Pfeffer
- 1 Dose Kichererbsen, gut abgetropft (400 g Inhalt, Abtropfgewicht 240 g)
- 5 mittelgroße Tomaten (etwa 500 g), in Stücke geschnitten
- 2 Kabeljaufilets ohne Haut (je 160 g, alternativ ein anderer Fisch)
- 1 Zitrone, in Scheiben geschnitten

1. Für den Salat Essig, 3 EL Öl, 1 TL Mandelmus, Honig, Knoblauch, Salz und Pfeffer gut verrühren. Mit den Kichererbsen und den Tomaten mischen.

2. 1 EL Öl in einer Pfanne erhitzen, die Fischfilets rundherum 5 Minuten braten. Je 1 TL Mandelmus, Zitronenscheiben, Salz und Pfeffer darauf verteilen. Den Salat und das restliche Mandelmus dazu reichen.

ZUBEREITUNGSZEIT 15 MINUTEN

   Mandelmus, Kichererbsen

RÄUCHERMAKRELE
MIT ROTER BETE
UND RADIESCHEN

Frische Brise

- 2 EL Olivenöl
- 1 Packung vorgegarte, vakuumierte Rote Bete 2 Stück (400 g), in Spalten geschnitten
- 10 Radieschen, in Scheiben geschnitten
- 1 Msp. gemahlener Cumin (Kreuzkümmel)
- Meersalz, Pfeffer
- 4 EL Zitronensaft
- 250 g Speisequark
- 1 Knoblauchzehe, fein gehackt
- ¼ Gurke, fein gewürfelt
- 2 TL Sahne-Meerrettich (im Glas)
- 2 Räuchermakrelen-Filets
- 2 Zweige Dill

1. Das Öl in einer Pfanne erhitzen, Rote Bete und Radieschen 5 Minuten braten. Mit Cumin, Salz, Pfeffer und 2 EL Zitronensaft würzen.

2. Für den Quark 2 EL Zitronensaft, Quark, Knoblauch, Gurke, Meerrettich, Salz und Pfeffer gut verrühren. Das Gemüse mit dem Quark und der Räuchermakrele servieren. Zum Schluss Dill darüberstreuen.

ZUBEREITUNGSZEIT 15 MINUTEN

  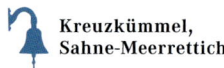 Kreuzkümmel, Sahne-Meerrettich

TOMATEN-DATTEL-SALAT
MIT RÄUCHERLACHS
UND GRISSINISTANGEN

Frische Brise

- 6 mittelgroße Tomaten (500 g), in Spalten geschnitten
- 2 EL Olivenöl
- 15 Datteln ohne Stein (100 g), klein geschnitten
- 1 EL gehackte Mandeln
- 4 Zweige Petersilie, fein gehackt
- 2 EL Balsamico- oder anderer Essig
- Meersalz, Pfeffer
- 100 g Räucher-/Stremellachs
- 10–15 Grissini-Stangen

1. Tomaten, Olivenöl, Datteln, Mandeln, Petersilie, Essig, Salz und Pfeffer gut vermischen. Den Räucherfisch in mundgerechte Stücke schneiden. Mit dem Salat und den Grissinistangen servieren.

ZUBEREITUNGSZEIT 15 MINUTEN

  Grissinistangen, Datteln

MACCHERONI IN DER PFANNE GEBRATEN
MIT ZUCCHINI, CHORIZO UND TOMATEN

Frische Brise

- ½ Packung Maccheroni (250 g) (oder andere Röhrennudeln)
- Meersalz
- 2 EL Olivenöl
- 100 g Chorizo, in dünne Scheiben geschnitten
- 2 Zucchini, in Scheiben geschnitten
- 1 Zwiebel, in Ringe geschnitten
- 1 Packung stückige Tomaten (400 g, Tetrapak)
- 2 gehäufte EL Parmesan (20 g), fein gerieben

1. Die Maccheroni 8 Minuten in kochendem Salzwasser garen. Inzwischen das Öl in einer Pfanne erhitzen, Chorizo, Zucchini und Zwiebel 5 Minuten braten. Die Tomaten hinzufügen. Maccheroni abgießen und hinzufügen. 3 Minuten offen köcheln lassen, dann mit dem Käse bestreuen und servieren.

ZUBEREITUNGSZEIT 15 MINUTEN

   Chorizo

KARTOFFEL-RAGOUT
MIT GEMÜSE IN AQUAVIT GEGART,
DAZU GERÄUCHERTE FORELLE

Frische Brise

- 2 EL Olivenöl
- 1 Zwiebel, fein gewürfelt
- 1 Knoblauchzehe, fein gehackt
- 1 TL getrockneter Majoran
- ¼ TL Kreuzkümmel (Cumin)
- 4 mittelgroße Kartoffeln (400 g), geschält und in Würfel geschnitten
- 1 Tasse Wasser (200 ml)
- 1 TL Gemüsebrühe-Pulver
- 10 EL Aquavit (alternativ Rum)
- 80 g Sauerrahm oder Crème Fraîche
- 1 TL milder Senf
- Meersalz, Pfeffer
- 1 EL Limetten- oder Zitronensaft
- 4 Räucherforellenfilets

1. Das Öl in einem Topf erhitzen, Zwiebel, Knoblauch, Majoran, Kreuzkümmel und Kartoffelwürfel anschwitzen. Mit 1 Tasse Wasser (200 ml), Gemüsebrühe-Pulver und Aquavit ablöschen und zugedeckt 8–10 Minuten kochen.

2. Sauerrahm, Senf, Salz, Pfeffer und Limettensaft verrühren. Das Kartoffel-Ragout mit den Räucherforellenfilets und dem Sauerrahm servieren.

ZUBEREITUNGSZEIT 15 MINUTEN

   Kreuzkümmel, Aquavit

RADICCHIO-
APFELSALAT
MIT KAPERN UND
HÄHNCHENBRUST

Frische Brise

- 2 EL Kürbiskernöl
- 1 EL Limettensaft
- 1 EL flüssiger Honig
- 1 TL Dijonsenf (oder anderer)
- Meersalz, Pfeffer
- 100 g Radicchio, in mundgerechte Stücke gezupft und lauwarm gewaschen (dann lösen sich die Bitterstoffe)
- 1 Apfel, geschält, entkernt und in dünne Spalten geschnitten
- 1 EL Kapern, abgetropft und grob gehackt
- 2 Hähnchenbrustfilets, längs gedrittelt
- 2 TL getrocknete Kräuter der Provence
- 2 EL Olivenöl

1. Für das Dressing Kürbiskernöl, Limettensaft, Honig, Senf, Salz und Pfeffer gut verrühren. Radicchio, Apfelspalten, Kapern und Dressing gut vermischen.

2. Hähnchenbruststreifen mit den Kräutern der Provence und Pfeffer einreiben. Das Öl in einer Pfanne erhitzen, die Hähnchenbruststreifen rundherum 5 Minuten braten. Herausnehmen und salzen.

ZUBEREITUNGSZEIT 15 MINUTEN

   Kürbiskernöl, Kapern

SCHNELLES ERDBEER-TIRAMISU

Frische Brise

- 1 EL Vanillezucker
- 3 EL Holundersirup (alternativ Honig)
- 250 g Speisequark
- 1 Schale Erdbeeren (250 g), geputzt und halbiert
- 1 EL Rum
- 15 Cantuccini-Kekse, grob zerbröckelt

1. Vanillezucker, 2 EL Holundersirup und Quark verrühren. Erdbeeren, Rum und 1 EL Holundersirup vermischen. In Gläser schichten und mit den Keksbröseln bestreuen.

ZUBEREITUNGSZEIT 10 MINUTEN

  Vanillezucker, Cantuccini, Rum

STARKER WIND

Brechende Wellen

(7 Beaufort)

Bei diesem Wetter bleibt man eigentlich lieber im Hafen.
Wer trotzdem draußen ist, freut sich über ultraschnelle und
überraschend leckere Rezepte.

Beaufort 7:
Windgeschwindigkeit 13,9–17,1 m/s; 28–33 Knoten. See türmt sich.
Der beim Brechen entstehende weiße Schaum beginnt sich in Streifen in die Windrichtung
zu legen.

SCHNELLE FISCHSUPPE
MIT SCHNITTLAUCH-BAGUETTE

Starker Wind

- 1 Tasse Weißwein (200 ml)
- 1 ½ Tassen Wasser (300 ml)
- 1 TL Gemüsebrühe-Pulver
- 2 getrocknete Lorbeerblätter
- 2 Tomaten, fein gewürfelt
- ¼ Gurke, grob gewürfelt
- 300 g Fischfilet (Lachs, Seelachs, Kabeljau), in 2 cm große Würfel geschnitten, am besten vom Fischhändler vorschneiden lassen
- 1–2 EL Zitronensaft
- Meersalz, Pfeffer
- 1 EL Olivenöl
- 2 Baguette-Brötchen, längs halbiert
- 1 Knoblauchzehe, fein gehackt
- ¼ Bund Schnittlauch, grob geschnitten

1. Weißwein, 1 ½ Tassen Wasser (300 ml), Gemüsebrühe-Pulver und Lorbeer aufkochen. Die Tomaten und die Gurken 5 Minuten im Sud kochen. Anschließend die Fischwürfel im heißen Sud weitere 5 Minuten ziehen lassen. Mit Zitronensaft, Salz und Pfeffer würzen.

2. Das Öl in einer Pfanne erhitzen, das Brot mit dem Knoblauch kurz anrösten. Die Suppe mit geröstetem Brot servieren.

ZUBEREITUNGSZEIT 15 MINUTEN

  getrocknete Lorbeerblätter

SPAGHETTINI
MIT RUCOLA-PESTO UND FENCHEL

Starker Wind

- 1 EL Olivenöl
- 1 Fenchelknolle, Strunk entfernt und fein gewürfelt
- 2 EL Zitronensaft
- Meersalz, Pfeffer
- ½ Packung Spaghettini (250 g)
- 3 EL Rucola-Pesto (alternativ Basilikum-Pesto)
- 2 EL geriebener Parmesan

1. Das Öl in einem Topf erhitzen, Fenchel anschwitzen und 5 Minuten braten. Mit Zitronensaft ablöschen und mit Salz und Pfeffer würzen.

2. Spaghettini in kochendem Salzwasser 6 Minuten kochen. Mit dem gebratenen Fenchel und dem Pesto vermischen. Mit Parmesan bestreut servieren.

ZUBEREITUNGSZEIT 10 MINUTEN

  **Rucola-Pesto, Spaghettini**

BAGUETTE
MIT MATJESWÜRFELN
UND MINZE

Starker Wind

- 1 Apfel, geviertelt, entkernt und in Würfel geschnitten
- 2 EL Zitronensaft
- 4 Matjesfilets
- 2 Zweige Minze, abgezupft und fein gehackt
- Meersalz, Pfeffer
- 3 EL Remoulade
- ½ Baguette, in Scheiben geschnitten

1. Apfelwürfel und Zitronensaft vermischen. Matjes, Minze, Apfelwürfel, Salz und Pfeffer gut verrühren. Die Baguette-scheiben dünn mit Remoulade bestreichen, dann den Matjessalat darauf verteilen.

ZUBEREITUNGSZEIT 10 MINUTEN

  Remoulade

COUSCOUS
MIT TOMATEN, KICHERERBSEN, OLIVEN UND KNOBLAUCH-JOGHURT

Starker Wind

- 2 EL Öl
- 1 Dose Kichererbsen (Inhalt 400 g, Abtropfgewicht 240 g), abgetropft
- 1 EL getrocknete Kräuter der Provence
- 1 EL Tomatenmark
- 1 Tasse Couscous (125 g)
- 1 TL Gemüsebrühe-Pulver
- 1 Tasse Wasser (200 ml)
- 1 Packung stückige Tomaten (400 ml/Tetrapak)
- 50 g grüne Mandel-Oliven, halbiert
- Salz, Pfeffer
- 3 EL Zitronensaft
- 1 Knoblauchzehe, fein gehackt
- 200 g milder Joghurt
- 1 TL Sesam

1. Das Öl in einem Topf erhitzen, Kichererbsen, Kräuter der Provence und Tomatenmark anschwitzen. Couscous, Gemüsebrühe-Pulver, 1 Tasse Wasser (200 ml) und stückigen Tomaten hinzufügen und 5 Minuten köcheln. Dann die Oliven hinzufügen. Dann weitere 5 Minuten ohne Hitzezufuhr quellen lassen. Mit Salz, Pfeffer und 1 EL Zitronensaft würzen.

2. Knoblauch, Joghurt, 2 EL Zitronensaft, Sesam, Salz und Pfeffer verrühren. Mit dem Couscous servieren.

ZUBEREITUNGSZEIT 15 MINUTEN

   Sesam, Kichererbsen, Couscous, grüne Oliven mit Mandeln

GEMÜSE-KOKOS-TOPF
MIT BASMATI-REIS

Starker Wind

- 1 EL Olivenöl
- 1 Zwiebel, in feine Ringe geschnitten
- 1 rote Paprika, entkernt und in kleine Stücke geschnitten
- ½ Tasse Basmati-Reis (100g)
- 1 Zucchini, halbiert und in Scheiben geschnitten
- 1 Dose Kokosmilch (400 ml Inhalt)
- 1 TL Currypulver
- 1 ½ Tassen Wasser (300 ml)
- 1 TL Gemüsebrühe-Pulver
- Meersalz, Pfeffer
- 2 EL Limetten- oder Zitronensaft
- 1 Prise Chilipulver

1. Das Öl in einem Topf erhitzen, Zwiebeln, Paprika, Basmati-Reis und Zucchini anbraten. Mit Kokosmilch, Curry, 1 ½ Tassen Wasser (300 ml) und Gemüsebrühe-Pulver ablöschen. Zugedeckt 10 Minuten kochen. Mit Salz, Pfeffer, Limettensaft und Chili würzen.

ZUBEREITUNGSZEIT 15 MINUTEN

   Basmati-Reis, Kokosmilch, Currypulver

TORTILLA MIT PAPRIKA,
KICHERERBSEN, LIMONE UND SCHAFSKÄSE

Starker Wind

- 2 EL Olivenöl
- 1 rote oder gelbe Paprika, entkernt und in Würfel geschnitten
- 1 Dose Kichererbsen, gut abgetropft (400 g/Abtropfgewicht 240 g)
- 2 Eier (Größe M)
- Meersalz
- 1 TL getrockneter Majoran
- Pfeffer
- 1 Bio-Limette (oder Zitrone), Schale mit einem Messer entfernt, Filets herausgelöst
- 50 g Schafskäse, grob gewürfelt

1. Das Öl in einer beschichteten Pfanne erhitzen, die Paprika 3 Minuten braten. Kichererbsen hinzufügen. Eier, Salz, Majoran und Pfeffer gut verrühren. Limette und Schafskäse hinzufügen und das Gemisch in der Pfanne bei milder Hitze zugedeckt 10 Minuten stocken lassen.

ZUBEREITUNGSZEIT 15 MINUTEN

   Kichererbsen

KARTOFFELSUPPE
MIT DATTELN, ROTEN ZWIEBELN UND TACO-CHIPS

Starker Wind

- 2 EL Öl
- 2 Zwiebeln, in Ringe geschnitten
- 2 ½ Tassen Wasser (500 ml)
- 1 TL Gemüsebrühe-Pulver
- ½ Päckchen Kartoffelpüree-Pulver (für 250 ml Inhalt)
- 10 Mandeln, grob gehackt
- 5 Datteln, entkernt und klein geschnitten
- Meersalz, Pfeffer
- gemahlene Muskatnuss
- 50 g Taco-Chips (Mais-Chips)

1. Das Öl in einem Topf erhitzen, die Zwiebeln anschwitzen. Mit 2 ½ Tassen Wasser (500 ml) auffüllen, Gemüsebrühe-Pulver und Kartoffelpulver einrühren.
Die Mandeln und die Datteln hinzufügen.
Mit Salz, Pfeffer und Muskatnuss würzen.
Die Taco-Chips dazu reichen.

ZUBEREITUNGSZEIT 10 MINUTEN

   Datteln, Taco-Chips, Mandeln

GEBRATENE TOMATEN
MIT PARMESAN

Starker Wind

- 6 mittelgroße Tomaten (600 g), halbiert
- 2 Knoblauchzehen, in dünne Scheiben geschnitten
- 3 EL Olivenöl
- Meersalz, Pfeffer
- 1 EL getrockneter Majoran
- 2 gehäufte EL Parmesan (20 g), grob geraspelt
- 4 Scheiben Bauernbrot

1. Die Tomaten und den Knoblauch mit 1 EL Öl vermischen. Mit Salz, Pfeffer und Majoran würzen. 2 EL Öl in einer Pfanne erhitzen, dann die Tomaten 5 Minuten braten. Den Parmesan darüberstreuen. Mit dem Bauernbrot servieren.

ZUBEREITUNGSZEIT 10 MINUTEN

NUDELN
MIT SCHARFER TOMATEN-HARISSA-SOSSE UND SCHAFSKÄSE

Starker Wind

- 200 g Cappellini (Engelshaarnudeln, die brauchen nur kurze Zeit zu kochen – bekommt man im Supermarkt oder beim Italiener) alternativ Spaghetti mit 4 Minuten längerer Kochzeit
- Meersalz
- 2 EL Olivenöl
- 1 EL Tomatenmark
- 1 TL Harissa (scharfe Gewürzpaste, bekommt man im Supermarkt)
- 1 Zwiebel, in Ringe geschnitten
- 1 TL Kreuzkümmel (Cumin – bekommt man im Supermarkt oder Gewürzeladen)
- 250 ml passierte Tomaten
- 1 EL Sesam
- 60 g Schafskäse, grob zerbröckelt

1. Die Nudeln in kochendem Salzwasser 5 Minuten kochen, dann abgießen und mit 1 EL Öl vermischen.

2. 1 EL Öl in einem Topf erhitzen, Tomatenmark, Harissa, Zwiebel und Kreuzkümmel anschwitzen. Dann die passierten Tomaten hinzufügen und 5 Minuten zugedeckt kochen. Tomatensoße, Sesam, Nudeln und Schafskäse vermischen.

ZUBEREITUNGSZEIT 10 MINUTEN

  Cappellini, Harissa, Kreuzkümmel, Sesam

LINSEN-CURRYEINTOPF
MIT SPECK UND
CRÈME FRAÎCHE

Starker Wind

- 2 EL Olivenöl
- 2 EL gewürfelter Speck (30 g)
- 1 Zwiebel, fein gewürfelt
- ½ Tasse rote Linsen (100 g)
- 3 Tassen Wasser (600 ml)
- 1 TL Gemüsebrühe-Pulver
- Meersalz, Pfeffer
- 1 EL Currypulver
- 2 EL Crème Fraîche
- 50 g Brotchips (im Supermarkt erhältlich)

1. Das Öl in einem Topf erhitzen, Speck und Zwiebel glasig dünsten. Die Linsen hinzu-fügen. Mit 3 Tassen Wasser und der Gemüse-brühe ablöschen. Salz, Pfeffer und Curry hinzufügen. Zugedeckt 12 Minuten kochen. Mit der Crème Fraîche und den Brotchips servieren.

ZUBEREITUNGSZEIT 20 MINUTEN

   Brotchips

HÜHNER-INGWERBRÜHE
MIT ENGELSHAARNUDELN

Starker Wind

- 3 Tassen Wasser (600 ml)
- 2 TL Hühnerbrühe-Pulver
- 1 kleines Stück frische Ingwerwurzel, in feine Scheiben geschnitten
- 120 g Engelshaarnudeln (Cappellini,
  die brauchen nur kurze Zeit zu
  kochen – bekommt man im Supermarkt oder beim Italiener), in kleine
  Stücke gebrochen, alternativ andere
  Suppennudeln
- 1 Hähnchenbrustfilet, in Würfel
  geschnitten

1. 3 Tassen Wasser (600 ml), Hühnerbrühe-Pulver und Ingwerscheiben aufkochen. Die Nudeln in Stücke zerbrechen
und in der Brühe 5 Minuten kochen. Kurz
vor Ende der Garzeit die Hähnchenstreifen
hinzufügen.

ZUBEREITUNGSZEIT 8 MINUTEN

   Engelshaarnudeln
(Cappellini),
Ingwerwurzel

GNOCCHI
MIT BROKKOLI, RICOTTA UND FRÜHLINGSZWIEBELN

Starker Wind

- 1 Kopf Brokkoli (alternativ Blumenkohl), in Röschen geteilt
- Meersalz
- 2 EL Olivenöl
- 250 g frische Gnocchi (aus dem Kühlregal im Supermarkt)
- 2 Frühlingszwiebeln, in Ringe geschnitten
- 50 g Ricotta oder Crème Fraîche
- 3 EL gesalzene Erdnüsse, grob gehackt
- Pfeffer
- 15 schwarze Oliven ohne Stein

1. Den Brokkoli in kochendem Salzwasser 3 Minuten kochen, dann das Wasser abgießen.

2. Das Öl in einer Pfanne erhitzen, die Gnocchi 6–8 Minuten braten. Nach 5 Minuten Bratzeit Frühlingszwiebeln, Brokkoli, Ricotta, schwarze Oliven und Erdnüsse hinzufügen. Mit Salz und Pfeffer würzen.

ZUBEREITUNGSZEIT 15 MINUTEN

  Erdnüsse

RAVIOLI MIT ARTISCHOCKEN,
OLIVEN UND TOMATENPESTO

Starker Wind

- 250 g trockene Ravioli mit Spinat und Ricotta
- Meersalz
- 2 EL Tomatenpesto
- 8 Oliven ohne Stein, halbiert
- 1 Dose Artischockenherzen (425 ml), in Spalten geschnitten
- 1 TL getrockneter Majoran
- Pfeffer
- 2 gehäufte EL geriebener Parmesan (20 g)

1. Die Ravioli zunächst in kochendem Salzwasser 8 Minuten kochen, dann abgießen. Mit Pesto, Oliven und Artischocken nochmals erhitzen, dann mit Salz, Majoran und Pfeffer würzen.
Mit dem Parmesan bestreut servieren.

ZUBEREITUNGSZEIT I5 MINUTEN

   trockene Ravioli, Artischockenherzen

WINDUMTÖSTES SEGELMÄDCHEN

Starker Wind

- 8 Scheiben rundes Pumpernickel (80 g), fein gehackt
- 3 EL flüssiger Honig
- 4 Lakritz-Salzheringe, in Scheiben geschnitten
- 200 g Apfelmus
- 150 g Sahnequark

1. Pumpernickel, Honig, Lakritz, Apfelmus und Quark abwechselnd in 2 Gläser schichten.

ZUBEREITUNGSZEIT 5 MINUTEN

  **Pumpernickel, Lakritz-Salzheringe**

RHABARBER-ERDBEER-CRUMBLE

Starker Wind

- 6 EL Zucker
- 1 Päckchen Vanillezucker
- 5 EL Rum
- 5 EL Orangensaft
- 2 Stangen Rhabarber, geschält und in 2 cm große Stücke geschnitten, alternativ 2 Bananen
- 200 g Erdbeeren, halbiert und Strunk entfernt, alternativ 1 Apfel oder 1 Birne oder anderes Obst, fein gewürfelt
- 1 Tasse Haferflocken (100 g)
- ½ Tafel Zartbitterschokolade (50 g)

1. 3 EL Zucker, Vanillezucker, Rum und Orangensaft aufkochen. Rhabarber hineingeben und 3 Minuten kochen. Kurz vor Ende der Garzeit die Erdbeeren hinzufügen.

2. 3 EL Zucker, Haferflocken und Schokolade in einem anderen Topf bei milder Hitze vermischen.

3. Das Rhabarber-Erdbeerkompott in eine Schüssel füllen und die Haferflockenmischung darauf verteilen. Dazu passt ein Gläschen Rum.

ZUBEREITUNGSZEIT 15 MINUTEN

ZUCKERWAFFELN
MIT QUARK-CREME UND FRISCHEN BEEREN

Starker Wind

- 250 g Speisequark (20 % Fett)
- 3 EL Holunderblütensirup, alternativ flüssiger Honig
- 1 Päckchen Vanillezucker
- 2 EL Orangensaft
- 350 g gemischte Beeren
- 2 Zuckerwaffeln zum Befüllen (gibt es beim Bäcker oder im Supermarkt)

1. Quark, Holundersirup, Vanillezucker und Orangensaft verrühren. Die Waffeln mit Quark und Beeren füllen.

ZUBEREITUNGSZEIT IO MINUTEN

  Holunderblütensirup, Zuckerwaffeln zum Befüllen

G-2396

JOLLEN-PICKNICK

Auch wenn die Wenigsten auf diesem eher sportlichen Gefährt kochen wollen (oder überhaupt die Möglichkeit dazu haben), ist doch kaum einer dem Genuss liebevoll vorab zubereiteter Speisen abgeneigt. Trost für alle Yachtskipper: Auch als Picknick auf größeren Schiffen haben sich diese Rezepte bewährt. Am besten, man bereitet sie schon vorher in Ruhe zu Hause zu.

Jolle:
Ursprünglich kleines, offenes, flachbodiges Strandfischerboot, aus dem sich ein z. T. leicht kenterbares, offenes oder eingedecktes Schwertboot mit flachem Boden entwickelt hat. Wird z. T. mit Ausreithilfen bzw. Trapez gefahren und kann bei ausreichenden und richtig angeordneten Auftriebstanks nach dem Kentern wieder aufgerichtet werden.

KIRSCH-FOCACCIA
MIT BERGKÄSE UND
FRÜHLINGSZWIEBELN

Jollen-Picknick

- 15 g frische Hefe
- 3 Tassen Weizenmehl (300 g)
- 4 EL Olivenöl
- ¾ Tasse lauwarmes Wasser (150 ml)
- ½ TL grobes Meersalz
- 2 Frühlingszwiebeln, in feine Ringe geschnitten
- 50 g Bergkäse, grob gewürfelt
- 2 Tassen Kirschen (200 g), halbiert und entsteint

1. Hefe und ¼ Tasse lauwarmes Wasser verrühren und 15 Minuten gehen lassen. Mehl, 2 EL Olivenöl, ½ Tasse lauwarmes Wasser (100 ml) und Meersalz mit den Knethaken des Handrührgerätes zu einem glatten Teig verarbeiten. Mit einem Tuch abdecken und den Teig an einem warmen Ort 40 Minuten gehen lassen.

2. Die Frühlingszwiebeln unter den Teig kneten. Den Teig auf einer bemehlten Arbeitsfläche ausrollen, dann auf ein mit Backpapier ausgelegtes Backblech verteilen. 2 EL Olivenöl darauf verteilen, mit etwas Meersalz bestreuen. Die Kirschen und den Käse darauf verteilen.

3. Im vorgeheizten Backofen bei 180 Grad (Umluft 160 Grad) 30 Minuten backen.

ZUBEREITUNGSZEIT 20 MINUTEN (OHNE BACK- UND GEHZEIT)

SELLERIE-FENCHELSALAT
MIT KAPERN, PUTENBRUST UND SCHWARZBROT

Jollen-Picknick

- 1 EL Olivenöl
- 1 Putenschnitzel (170 g)
- Meersalz, Pfeffer
- 1 kleine Knolle Sellerie, geschält
- 3 EL Sauerrahm
- 3 EL Zitronensaft
- 1 TL milder Senf
- 1 Fenchel, Strunk entfernt und in hauchdünne Streifen geschnitten
- 1 EL Kapern, abgetropft und grob gehackt
- 4 Scheiben Schwarzbrot

1. Das Öl in einer Pfanne erhitzen, Putenschnitzel darin von jeder Seite 4 Minuten braten. Mit Salz und Pfeffer würzen, dann in Streifen schneiden.

2. Den Sellerie grob raspeln. Für das Dressing Sauerrahm, Zitronensaft, Senf, Salz und Pfeffer gut verrühren. Fenchel, Sellerie, Dressing und Kapern vermischen. Die Putenbrust hinzufügen und in eine Schüssel füllen. Mit dem Schwarzbrot aufs Boot mitnehmen.

ZUBEREITUNGSZEIT 20 MINUTEN

   Kapern

TOASTS
MIT HÜHNCHEN,
DATTELN
UND SALAT

Jollen-Picknick

- 1 Hähnchenbrust (etwa 150 g)
- Meersalz, Pfeffer
- 1 EL Olivenöl
- 1 EL Sesam
- 4 Toastbrotscheiben
- 2 EL Tomaten-Pesto (50 g)
- 1 Handvoll Salat (50 g), in feine Streifen geschnitten
- 10 entsteinte Datteln, in Scheiben geschnitten

1. Die Hähnchenbrust mit Salz und Pfeffer würzen. Das Öl in einer Pfanne erhitzen, die Hühnerbrüste von jeder Seite 5 Minuten braten. Den Sesam kurz mitrösten.

2. Die Toasts von einer Seite mit Tomaten-Pesto bestreichen. Mit Salat, Datteln und dem Hühnchen belegen. Mit dem gerösteten Sesam bestreuen, dann mit Salz und Pfeffer würzen. Zusammenklappen, in Frischhaltefolie wickeln und mit zum Boot nehmen.

ZUBEREITUNGSZEIT 20 MINUTEN

   Datteln, Tomatenpesto

CAESARS SALAD MIT BLAUBEEREN, HÜHNCHEN UND ERDNÜSSEN, DAZU PARMESANDRESSING

Jollen-Picknick

- 2 EL Olivenöl
- 2 Hähnchenbrüste (je 150 g), in Stücke geschnitten
- Meersalz, Pfeffer
- 1 Bio-Zitrone
- 2 EL geriebener Parmesan (20 g)
- 4 EL Crème Fraîche
- 1 Knoblauchzehe, fein gehackt
- 1 kleiner Römersalat, in Stücke geschnitten und gewaschen
- 4 EL geröstete, gesalzene Erdnüsse, grob gehackt
- 1 Schale Blaubeeren (250 g)

1. Das Öl in einer Pfanne erhitzen, Hähnchenbruststücke mit Salz und Pfeffer würzen und rundherum 5 Minuten braten. Dann abkühlen lassen.

2. Für das Dressing Zitronenschale fein abreiben, den Saft auspressen. Crème Fraîche, Zitronensaft, Zitronenschale, Salz, Parmesan, Knoblauch und Pfeffer gut verrühren.

3. Salat, Erdnüsse, Blaubeeren und gebratenes Hähnchen gut vermischen. Das Dressing in einer extra Schale mitnehmen und an Bord mit dem Salat vermischen.

ZUBEREITUNGSZEIT 25 MINUTEN

BROTWÜRFEL,
GEMÜSE MIT DUKKAH
UND OLIVENÖL

Jollen-Picknick

- 1 EL Koriandersaat (im Gewürzladen oder Supermarkt erhältlich)
- 1 EL Kreuzkümmel/Cumin
- 3 EL fein gehackte Haselnüsse
- 2 Zweige Minze, fein gehackt
- 2 EL Sesam
- 1 EL grobes Meersalz (Fleur de Sel)
- 500 g Möhren, geschält und halbiert
- ½ Bund Staudensellerie, in mundgerechte Stücke geschnitten
- 1 Ciabatta (oder anderes Brot), in 2 cm große Würfel geschnitten
- 6–8 EL Olivenöl

1. Für das Dukkah Koriander und Kreuzkümmel in einem Mörser fein zerstoßen. Haselnüsse, Minze, Sesam, Meersalz, Kreuzkümmel und Koriander vermischen.

2. Möhren in kochendem Salzwasser 5 Minuten kochen, nach 3 Minuten die Selleriestangen hinzufügen. Anschließend abgießen und kalt abschrecken.

3. Dukkah, Olivenöl, Gemüse und Brot mit zum Boot nehmen. Das Gemüse und das Brot erst in etwas Olivenöl stippen, dann in die Gewürzmischung tauchen. Die restliche Gewürzmischung anderweitig verwenden bzw. auf Segelbooten als Gewürz benutzen.

ZUBEREITUNGSZEIT 20 MINUTEN

   Koriandersaat, Kreuzkümmel, Sesam

GRIESSFLAMMERI
MIT APFEL-HOLUNDER-KOMPOTT
UND ZWIEBACK-ORANGEN-RÖSTELN

Jollen-Picknick

- 1 Bio-Orange, Schale fein abgerieben und Saft ausgepresst
- ¾ Tasse Holundersaft (150 ml)
- 1 gehäufter EL Speisestärke
- 2 Äpfel, geschält, entkernt und in Stücke geschnitten
- 2 ¼ Tassen Milch (250 ml)
- 8 EL Zucker
- Salz
- 1 Päckchen Vanillezucker
- ½ Tasse Hartweizen-Grieß (40 g)
- 1 Ei (Größe M, getrennt)
- 6 Zwieback, grob zerbröselt

1. Orangenschale fein abreiben, den Saft auspressen. 2 EL Orangensaft und die Stärke gut verrühren. Holundersaft, restlichen Orangensaft und 2 EL Zucker erhitzen, die Stärke einrühren und kurz aufkochen. Apfelstücke darin 2 Minuten kochen, dann abkühlen lassen.

2. Milch mit 6 EL Zucker, 1 Prise Salz, Hälfte der Orangenschale und Vanillezucker aufkochen, Grieß unter ständigem Rühren einrühren. Einmal aufkochen und den Topf vom Herd ziehen. Das Ei trennen, dann das Eiweiß mit 1 Prise Salz steif schlagen. Erst das Eigelb unter den Grieß rühren, dann den Eischnee unterziehen. Den Grießflammeri in eine Schüssel füllen und abkühlen lassen.

3. Restliche Orangenschale und Zwieback vermischen und über das Kompott streuen.

ZUBEREITUNGSZEIT 35 MINUTEN

  Holundersaft (alternativ: Traubensaft), Grieß

FISCHFRIKADELLE
MIT KARTOFFEL-
HOLUNDER-SALAT

Jollen-Picknick

- 5 mittelgroße festkochende Kartoffeln (500 g)
- 4 EL Olivenöl
- 2 EL Weißweinessig
- ½ Tasse Wasser (100 ml)
- ½ TL Gemüsebrühe-Pulver (in Bio-Qualität)
- 2 TL milder Senf (plus Senf zum Mitnehmen)
- 1 EL Holunderblüten-Sirup
- Meersalz, Pfeffer
- 250 g Dorschfilet (oder anderes Fischfilet), fein gewürfelt
- 80 g Weißbrot, fein gerieben (6 EL)
- 2 EL Zitronensaft
- 3 Zweige Dill, fein gehackt

1. Die Kartoffeln 20 Minuten mit Schale kochen. 2 EL Öl, Essig, ½ Tasse Wasser (100 ml), Gemüsebrühe-Pulver, Senf und Holundersirup kurz aufkochen. Die Kartoffeln pellen und in dünne Scheiben schneiden. Noch warm mit der Soße vermischen und mit Salz und Pfeffer würzen. Etwa 30 Minuten ziehen lassen.

2. Den Fisch und das Weißbrot vermischen. Mit Salz, Pfeffer, Zitronensaft und Dill würzen. Zu 4 Frikadellen formen.

3. 2 EL Öl in einer beschichteten Pfanne erhitzen, die Frikadellen braten. Mit dem Kartoffelsalat und etwas Senf mit aufs Boot nehmen.

ZUBEREITUNGSZEIT ETWA I STUNDE

HOLUNDER-MILCHREIS
MIT GETROCKNETEN APRIKOSEN, ERDBEEREN UND MANDELN

Jollen-Picknick

- 1 Vanilleschote
- 2 Tassen Milch (400 ml)
- Salz
- ¾ Tasse Milchreis (100 g)
- 5 EL Holunderblütensirup, alternativ flüssiger Honig
- 15 getrocknete Aprikosen (etwa 100 g), in Scheiben geschnitten
- 1 Schale Erdbeeren (250 g), geputzt und halbiert
- 2 EL gehobelte Mandeln

1. Die Vanilleschote längs aufschneiden, das Mark herauskratzen. Milch, ausgekratzte Vanilleschote, Vanillemark, 4 EL Holunderblütensirup und 1 Prise Salz aufkochen. Den Reis hinzufügen und unter Rühren aufkochen. Dann 25 Minuten zugedeckt ausquellen lassen. Nach 10 Minuten die getrockneten Aprikosen hinzufügen.

2. Die Erdbeeren, Mandeln und 1 EL Holunderblütensirup vermischen. Mit dem Milchreis aufs Boot mitnehmen und dort genießen.

ZUBEREITUNGSZEIT 35 MINUTEN

   Vanilleschote, gehobelte Mandeln, Holunderblütensirup, getrocknete Aprikosen

FRITTATA
MIT LAUCH, RÄUCHERFISCH, DILL UND APFELQUARK

Jollen-Picknick

- Stange Lauch, in feine Ringe geschnitten
- Meersalz
- 4 Eier (Größe M)
- ½ Tasse Mineralwasser (100 ml)
- Pfeffer
- 1 Bund Dill, fein gehackt
- frisch geriebene Muskatnuss
- 10 g Butter zum Fetten der Form
- 100 g Räucherlachs, in mundgerechte Stücke geschnitten
- 1 Apfel, geviertelt, entkernt und in kleine Stücke geschnitten
- 2 TL Sahne-Meerrettich (aus dem Glas)
- 250 g Speisequark (20 % Fett)
- 2 EL Zitronensaft

1. Den Lachs 6 Minuten in kochendem Salzwasser garen, dann kalt abschrecken und gut abtropfen lassen.

2. Eier, Mineralwasser, Salz, Pfeffer, Dill und Muskatnuss mit einem Schneebesen verrühren. Eine Backform (26 cm Durchmesser) fetten, die Eier, Räucherfisch und Lauch einfüllen. Im heißen Ofen 15 Minuten bei 180 Grad (Umluft 160 Grad) backen.

3. Für den Apfelquark Apfelwürfel, Meerrettich, Quark, Salz, Pfeffer und Zitronensaft verrühren. In eine extra Dose packen. Die Frittata abkühlen lassen und mit dem Quark mit aufs Boot nehmen.

ZUBEREITUNGSZEIT 30 MINUTEN (PLUS 15 MINUTEN BACKZEIT)

TABOULLEH MIT DATTELN,
OLIVEN UND SCHAFSKÄSE-DIP

Jollen-Picknick

- ¾ Tasse Couscous (100 g)
- Meersalz
- 2 El Olivenöl
- 5 Datteln ohne Stein, in Scheiben geschnitten
- 10 grüne Oliven mit Mandelkern, in Scheiben geschnitten
- 3 Tomaten, in feine Würfel geschnitten
- 1 Bund Petersilie, fein gehackt
- 4 EL Zitronensaft
- Pfeffer
- 70 g Fetakäse
- 2 EL Sesammus (im Bioladen, Reformhaus oder türkischem Lebens-mittelgeschäft erhältlich)
- 2 Lauchzwiebeln, in feine Ringe geschnitten
- 1 Knoblauchzehe, fein gehackt

1. Den Couscous mit 150 ml heißem Wasser (¾ Tasse) und etwas Salz 10 Minuten quellen lassen. Olivenöl, Datteln, Oliven, Tomaten, Petersilie, 2 EL Zitronensaft, Couscous, Salz und Pfeffer gut vermischen.

2. Schafskäse, 2 EL Zitronensaft, Sesammus, Lauchzwiebeln, Knoblauch, Salz und Pfeffer gut verrühren.

ZUBEREITUNGSZEIT 20 MINUTEN

   Couscous, Datteln, Sesammus

ARTISCHOCKEN-PASTA-SALAT
MIT BOHNEN UND FRISCHEN KRÄUTERN

Jollen-Picknick

- ½ Packung Muschelnudeln (250 g)
- Meersalz, Pfeffer
- 2 Handvoll grüne Bohnen (200 g), geputzt und halbiert
- 1 Dose Artischockenherzen (425 ml Inhalt, 240 g Abtropfgewicht), geviertelt
- 1 Bund gemischte Kräuter (Schnittlauch, Petersilie, Kerbel etc), fein gehackt
- 2 Tomaten, in Spalten geschnitten
- 2 EL Olivenöl
- 2 EL Balsamico-Essig
- 1 EL Dijonsenf

1. Die Nudeln 8 Minuten in kochendem Salzwasser kochen, die Bohnen nach 3 Minuten hinzufügen. Abgießen und kalt abschrecken.

2. Nudeln und Bohnen mit Artischocken, Kräutern, Tomaten, Öl, Essig und Senf gut vermischen. Mit Salz und Pfeffer würzen.

ZUBEREITUNGSZEIT 25 MINUTEN

   **Muschelnudeln, Artischockenherzen**

MATJESBRÖTCHEN
MIT INGWERBUTTER

Jollen-Picknick

- 10 g frische Ingwerwurzel, fein gerieben
- 6 Körner eingelegter grüner Pfeffer, fein gehackt
- 30 g Butter
- Meersalz
- 2 Baguettebrötchen
- 4 Matjesfilets
- 1 Zwiebel, in feine Ringe geschnitten

1. Ingwer, eingelegten Pfeffer, Butter und Salz gut verrühren. Die Baguettebrötchen damit bestreichen. Mit dem Matjes und den Zwiebelringen belegen und mit aufs Boot nehmen.

ZUBEREITUNGSZEIT 10 MINUTEN

  Ingwerwurzel, eingelegter grüner Pfeffer

REISSALAT MIT SHRIMPS,
HÜHNCHEN, TOMATEN UND MANGO

Jollen-Picknick

- 1 Tasse Langkornreis (150 g)
- Meersalz
- 1 Putenschnitzel (etwa 160 g)
- Pfeffer
- 2 TL Currypulver
- 4 EL Olivenöl
- 150 g tiefgekühlte Shrimps (aufgetaut)
- 1 Knoblauchzehe, gepellt und in feine Scheiben geschnitten
- 2 EL Zitronensaft
- 1 Mango, geschält, Fruchtfleisch vom Stein geschnitten und fein gewürfelt
- 2 Tomaten, fein gewürfelt
- 2 EL Weißweinessig
- 1 EL flüssiger Honig

1. Den Reis in kochendem Salzwasser 15 Minuten kochen, dann kalt abschrecken und gut abtropfen lassen.

2. Das Putenschnitzel mit Salz, Pfeffer und 1 TL Curry würzen.

3. 1 EL Öl in einer Pfanne erhitzen, das Putenschnitzel von jeder Seite 3 Minuten braten. Dann abkühlen lassen. 1 EL Öl in einer zweiten Pfanne erhitzen, Shrimps und Knoblauch anbraten. Mit Salz, Pfeffer und Zitronensaft würzen. Das Putenschnitzel aus der Pfanne nehmen und würfeln.

4. Reis, Pute, Shrimps, Mango und Tomaten vermischen. 2 EL Öl, Essig, Honig, Salz, Pfeffer und 1 TL Curry hinzufügen und gut durchmischen. Dann mit aufs Boot nehmen.

ZUBEREITUNGSZEIT 30 MINUTEN

  **Langkornreis**

FALAFEL
MIT BLUMENKOHLSALAT
UND SESAMPASTE

Jollen-Picknick

- 1 ½ Tassen Kichererbsenmehl (200 g)
- 1 Tasse Wasser (200 ml)
- 1 Knoblauchzehe, fein gehackt
- 1 Ei (Größe M)
- Meersalz, Pfeffer
- 1 mittelgroßer Blumenkohl, in kleine Röschen geteilt
- 1 EL Sesam
- 1 rote Paprika, entkernt und fein gewürfelt
- 1 EL Pesto
- 5 EL Sesamöl (oder anderes)
- 3 EL Zitronensaft
- 4 EL Sesammus (im Bioladen oder Reformhaus erhältlich)

1. Kichererbsenmehl, 1 Tasse Wasser (200 ml), Knoblauch und 1 Ei gut verrühren, dann 10 Minuten quellen lassen. Mit Salz und Pfeffer würzen.

2. Den Blumenkohl in kochendem Salzwasser gar kochen, dann kalt abschrecken. Sesam in einer Pfanne ohne Fett rösten. Blumenkohl, Sesam, Paprikawürfel, Pesto, 1 EL Sesamöl, Salz, Pfeffer und Zitronensaft gut vermischen.

3. 4 EL Sesamöl in einer großen Pfanne erhitzen. Aus dem Falafelteig mit 2 Löffeln Bällchen formen und diese in der Pfanne von jeder Seite 4 Minuten braten. Die Falafel mit dem Blumenkohlsalat und der Sesammus mitnehmen und auf dem Boot genießen.

ZUBEREITUNGSZEIT 30 MINUTEN

  Kichererbsenmehl, Sesamöl, Sesammus

MÖHREN-KOKOS-MUFFINS
MIT GRAPEFRUIT-MANGO-SALAT

Jollen-Picknick

- 75 g weiche Butter
- 1 ½ Tassen Zucker (150 g)
- 1 Prise Salz
- 2 Eier (Größe M)
- 3 Tassen Mehl (300 g)
- 1 Tasse geraspelte Kokosnuss (80 g)
- 1 EL Backpulver
- 3 mittelgroße Möhren, grob geraspelt (150 g)
- Muffin-Papierförmchen (12 Stück)
- 3 EL Kokosmilch
- 1 Grapefruit, mit einem Messer geschält, Filets herausgelöst und in Stücke geschnitten
- 1 Mango, geschält und vom Stein gelöst, in Stücke geschnitten

1. Butter, Zucker und Salz mit den Schneebesen des Mixers schaumig schlagen. Die Eier dazugeben. Mehl, 60 g Kokosflocken, Backpulver und Möhren unter den Teig mischen.

2. Papierförmchen auf die Muffinform verteilen (12 Stück), dann den Teig einfüllen. Im vorgeheizten Backofen bei 180 Grad (Umluft 160 Grad), 35 Minuten backen.

3. Grapefruit, Mango, 20 g Kokosflocken, Kokosmilch und Honig vermischen. Mit den Muffins aufs Boot mitnehmen.

**ZUBEREITUNGSZEIT 30 MINUTEN
(PLUS 35 MINUTEN BACKZEIT)**

    Kokosmilch, geraspelte Kokosnuss

APFEL-CRANBERRY-KUCHEN MIT
VANILLE-CREME

Jollen-Picknick

- 250 g Butter
- 1 Päckchen Vanillezucker
- 1 Prise Salz
- 1 ½ Tassen Zucker (150 g)
- 4 Eier (Größe M)
- 5 Tassen Mehl (500 g)
- 1 EL Backpulver
- 10 g Butter zum Fetten der Form
- 3 mittelgroße Äpfel (400 g), geschält, entkernt und in Spalten geschnitten
- 2 EL Zitronensaft (Apfelspalten sofort mit Zitronensaft vermischen!)
- ½ Tasse getrocknete Cranberries (50 g)
- 1 Vanilleschote
- 2 EL flüssiger Honig
- 100 g Sauerrahm

1. Für den Kuchen Butter, 1 Päckchen Vanillezucker, 1 Prise Salz und Zucker mit den Schneebesen des Handrührgerätes schaumig schlagen. Die Eier einzeln unterrühren. Mehl und Backpulver mischen und unter den Teig rühren.

2. Eine Springform (26 cm Durchmesser) fetten und den Teig einfüllen. Die Apfelspalten und die Cranberries darauf verteilen und in den Teig drücken. Im heißen Backofen bei 180 Grad (Umluft 160 Grad) auf der untersten Schiene 45 Minuten backen. Herausnehmen und abkühlen lassen.

3. Für die Vanillecreme Vanilleschote längs aufschneiden, das Mark herauskratzen. Vanillemark, Honig und Sauerrahm verrühren. Vanillecreme und Kuchen mit aufs Boot nehmen und dort genießen.

ZUBEREITUNGSZEIT 30 MINUTEN (PLUS 45 MINUTEN BACKZEIT; OHNE ABKÜHLZEIT)

    Vanilleschote, Cranberries

DANKE

Einen großen Dank an:

Anke Seifert und Frank Ossarek

Doris Mohr von der Bootsmeile Laboe

An das Boot DE SWOLK, das schwimmende Fotostudio

Ines Jochmann von der BRUDEN – www.frauensegeln.de

Sylvia Lisa Mathias

Marie-Luise Bonitz

Gundel Simon-Ern

Holger Markewitz-Peters und Bastian Seiler von Giraffentoast – www.giraffentoast.de

Andrea Schnücker-Schulz

Regina Seitz von der Michael Meller Agency

Birgit Radebold

Susann Pechstein

Louise L. Hay

Und allen anderen »Schiffsmodellen«

REZEPTREGISTER

| Leichte Brise | Mäßiger Wind | Frische Brise | Starker Wind | Jollen-Picknick |

Bibliografische Information der Deutschen Nationalbibliothek
Die Deutsche Nationalbibliothek verzeichnet diese Publikation
in der Deutschen Nationalbibliografie; detaillierte bibliografische
Daten sind im Internet über http://dnb.dnb.de abrufbar.

1. Auflage
ISBN 978-3-667-11702-1

Text und Foodstyling © 2012 by Claudia Seifert
Fotografie © 2012 by Julia Hoersch
Dieses Werk wurde vermittelt durch die
Michael Meller Literary Agency GmbH, München.
© by Delius Klasing & Co. KG, Bielefeld

Lektorat: Birgit Radebold
Umschlaggestaltung: Jörg Weusthoff
Layout: Weusthoff Noël, Hamburg
Lithografie: digital I data I medien, Bad Oeynhausen
Printed in China 2019

Delius Klasing Verlag, Siekerwall 21, D - 33602 Bielefeld
Tel.: 0521/559-0, Fax: 0521/559-115
E-Mail: info@delius-klasing.de
www.delius-klasing.de

Bücher für das Schapp

Evergreens, die beinahe jeder Segler mal gesegelt hat, die schönste Erinnerungen an die große Freiheit auf dem Wasser wecken: Natürlich gibt es einen Unterschied zwischen einer kleinen offenen Glitsch-Jolle, einem robusten, geklinkerten Folkeboot, dem allseits beliebten Jollenkreuzer oder einem schlanken, eleganten Mälar. Was diese Boote aber eint, ist ihre charmante Schönheit. Sie sind eher klein, erschwinglich und haben eine dauerhafte, treue Fangemeinde.

Nico Kraus | Lasse Johannsen
Kleine Klassiker
Geliebte Evergreens unter Segeln
ISBN 978-3-667-11072-5

Klaus Andrews | Lars Bolle
Hafenmanöver Schritt für Schritt
ISBN 978-3-7688-3256-4

Michael Sachweh
Wetterkunde für Wassersportler
ISBN 978-3-667-11589-8

DELIUS KLASING